デザインする思考力

東大エグゼクティブ・マネジメント

東大EMP
横山禎徳［編］

THE EXECUTIVE MANAGEMENT OF THE UNIVERSITY OF TOKYO

東京大学出版会

The Executive Management of the University of Tokyo:
The Thinking Capability for Design

The University of Tokyo Executive Management Program
and
Yoshinori Yokoyama, Editors

University of Tokyo Press, 2014
ISBN 978-4-13-043052-4

はじめに――「分析する思考」から「組み立てる思考」へ

東京大学は先端的な知、そしてそれを担う思考力の集合体である。その最前線で活躍する研究者たちに、知の現在や思考法に関して話をお伺いし、それをまとめたのが本書である。二〇一二年に出版された、『東大エグゼクティブ・マネジメント　課題設定の思考力』の続編と言える。

前作と同じように、インタビューに応えていただいたのは、東大エグゼクティブ・マネジメント・プログラム（東大ＥＭＰ）の講師たちである。このプログラムの企画・推進責任者である筆者の質問に対して、今回も刺激的な話を語ってくださっている。

あらためて述べておけば、東大ＥＭＰというのは、将来、組織の幹部になる可能性のある四〇代の優秀な人材を主たる受講生にして、これまでどこの教育機関も提供していない高いレベルの、全人格的な総合能力を形成させるような「場」を提供することを目的としたプログラムである。ビジネス・スクールでもなく、高級カルチャー・センターでもない、その両方が満たしていないものを扱おうとしている。二〇〇八年に開講して、六年目を迎えた。

いま、次世代のリーダーには、何が求められているのか。「世界中のどのような場所や場面に直面しても臆することなく、確かな知識に基づいてその場をリードする。相手の多様な文化的背景を十分理解した上で、納得性の高い議論を粘り強く展開し、具体的な問題解決を構築して推進できる。そのための強靭さと迫力を持ち、そして文化の違いを越えて人を引き付ける人間的な魅力さえも持つ」。東大ＥＭＰは、このような能力を備えた人材を育成することを目指している。

そのために欠かせないのは伝統的な「教養」の定義を超えた、強靭な「知」と「思考」の最前線を知ることであると前作で述べた。すでにわかっていることではなく、わかっていないことは何であり、それにどうアプローチしようとしているか。それがまさに、いまの時代が要求している先端的な知であり、それを支える思考能力であるはずだ。そうした考えに基づいて、我々のプログラムは行われており、本書でもそのエッセンスの一部を伝えようと試みている。

今回も、世界レベルで研究の成果を生み出している六人の方々にお話を伺った。その分野は、素粒子物理学、植物病理学、イスラム政治思想、情報通信工学、西洋経済史、有機合成化学と多岐にわたり、それぞれの個性も多彩である。

聞き手である筆者は、触れて目に見えるものをデザインする建築家から出発して、マッキンゼー・アンド・カンパニーで経営コンサルティングに長年従事し、最近は触れなくて目に見えない「社会システム」のデザインを手掛ける「社会システム・アーキテクト」と称している。その一環として、住宅供給システムや医療システムのデザインなどの具体的作業を通じて、「社会システム・デザイン」の方法論の開発に注力している。現在は、国会事故調委員の経験をふまえて、技術システムを超えた「社会システム」としての「原発システム」のデザインを進めている。

このようにビジネス、およびデザインの世界で経験を積んできた筆者が、六人の方々に先端知や思考について伺うわけで、当然ながら研究者の関心とは異なった観点となっている。彼らが卓越した成果をあげられたのはなぜか。どのような思考や方法論を形成してきたのか。その背景にはいったい何があったのか。一風変わったインタビューを今回も味わっていただきたい。

＊

私事の話で恐縮だが、私のベッドの周りにはいつもいろいろな本が散らばっている。読みかけの本である。その本の中には初代 Kindle のタブレットもある。だいぶ以前のことであるが、ネットでアメリカのアマゾンに注文したらすぐに送ってきた。スイッチを入れると３Gでオンライン・ストアにつながり、そのまま希望する本をダウンロードできる便利さに驚嘆した。当時は日本語の本は提供されていなかったから、美人の女性理論物理学者である

Lisa Randall の *Warped Passages*（最近、日本語訳が出た）や、変わった発明家、Ray Kurzweil の *The Singularity is Near*、そして、どんでん返しが満載で読み始めたら止められない Jeffery Deaver の推理小説などをたくさんベッドで読み、朝 Kindle を抱いて眠っていたと気が付くことがしばしばであった。

　いま、あらためて振り返ってみると、我々は唖然とするほど便利になった世の中に生きていることを知る。数十年前、いやほんの十年前であっても考えられなかった新しい情報手段を手に入れている。それらのすべては、近年、急速に発達したＩＤＴ（インターネット・アンド・デジタル・テクノロジー）と呼ぶべき技術のもたらした恩恵である。実は、世間でいうところのＩＣＴ（インフォーメーション・アンド・コミュニケーション・テクノロジー）という表現は時代の本質を摑んでいない。ＩＣＴは製造業や金融業では長年、大々的に活用されてきたのであり、何も新しいことではないのである。一方、ＩＤＴは全く新しい発想と技術に基づいているが、爆発的に使われるようになったのは二〇〇〇年以降であり、ほんの最近のことなのだ。アップルのパソコン、iMac が出現したのは一九九八年であるが、そのｉとはインターネットのｉであった。

　現在、我々が身近に使っているスマホやタブレット、それらを動かす多種多様なソフトウエア、たとえば、だれでも簡単に使える Skype, You Tube, Facebook, Twitter など、ほんの最近まで当たり前のことではなかったのである。スマホやタブレットは音楽プレーヤー、デジカメ、ゲーム機器、カーナビを飲み込み、そしてパソコンに取って代わり、本、雑誌、新聞などの紙媒体を侵食し始めている。そのスピードは速く、三年ごとに状況が様変わりしていっている。最新のKindleはクラウド機能があり、一層便利になった。しかし、我々はそのような展開に驚くこともなく受け入れ、あたかも昔からそうであったかのように職場で、喫茶店で、通勤電車で、そして歩きながらスマホやタブレットに触れている。

では、我々はいろいろな新しい能力を手に入れたのであろうか。それ以前の時代の人たちより大量の情報処理を短時間のうちにできる能力を身に付けたことは間違いない。我々の生活の一部は明らかに便利で豊かになった。しかし、その代わりに何かを失っているのではないだろうか。それはたぶん時間をかけて何度も行ったり来たりしながら、深く考えるという規律であろう。

同じことを繰り返し飽きもせず考えるという思考を面倒で、煩わしいと思い始めていないだろうか。思考もスマホの画面のようにサクサクと動かないといけない。そして、次から次へと「情報処理」をしていくのがスマートであり、最先端の生活なのである。そういう状況に早々と慣れてしまい、ぶつかったり、戸惑ったり、やり直したり、考え込んだりするような作業をやる忍耐力を失い始めているのではないだろうか。

＊

本書で取り上げたテーマである「デザインする」とはまさにそういう面倒なことをやる作業であり、それに耐えていく辛抱強さが本質である。そして皮肉なことに時代の流れに抗するように見えるデザインすることがいま、重要な能力になってきている。その理由は、「問題の裏返し」を答えにするという安直な思考方法では、困難かつ複雑な課題に対して優れた解決策を見出すことがもはやできない時代だからである。

残念ながら国のレベルでの政策に、そのような「問題の裏返し」的発想がたくさんある。「OECD諸国で最も子育て予算が少ないから子ども手当」、「経済が低迷しているから新成長戦略」、「それでもだめだから日本再生戦略」……というような発想である。そして、安倍内閣はまた「成長戦略」と言っている。

本質を見極めた課題設定ではなく、表面的な現象に着目しただけの「問題の裏返し」が答えにならないことに、もう気が付いてもいい頃ではないだろうか。たとえば、よくみんなが口にする「少子高齢化」は確かに起こっている現象ではあるが、適切な課題設定ではない。「少子化」は社会的現象であるが、「高齢化」は生物学的現象である。前者はフランスやスウェーデンの例にみられるように、適切な施策で反転できるが、後者はそうはいかないのである。人は若返ることはない。「少子高齢化」と一体で考えていては優れた答えはないのである。では、このような浅い思考と発想から抜け出すにはどういうアプローチが必要なのだろうか。

人間活動の展開には三種類ある。それを「累進」、「反転」、「平衡」の三つに分けてみる。「累進」とは「風が吹けば桶屋が儲かる」というような次のステージに移るという展開である。このことわざは牽強付会的であることは問題だが、現状の外挿という安易な発想ではわからない点をついている。

次の「反転」とは一方向に突き進むのではなく、どこかで底打ちをするということである。株のように上がり続けることもなければ下がり続けることもない。日本の人口減少といっても、その結果、日本人がゼロになることなどありえないのである。どこかで反転するのである。ただし当然、適切な状況を作り出すような対策は必要である。ちなみに、江戸時代は五〇年のサイクルで二度ほど人口減少と増加を経験している。結果として、二七〇年間に年平均〇・五％弱で人口は増えている。そして、ペリー提督が日本に来たときは日本の方がアメリカより人口は多かった。歴史上の出来事をよく見れば、現在の現象をそのまま外挿した発想では間違うということだろう。

三番目の「平衡」とはグローバリズムがあればリージョナリズムがあり、ハイテクがあればハイタッチがあり、高齢化には年齢不詳化があるように、二つの現象が対になって補完しあい、平衡を保つようになっている。バランス感覚の優れている人間社会では、一方だけが存在することはありえない。その一例として、サクサク動くスマホのような思考があれば、そうはいかない忍耐を必要とする思考が存在するということになる。これが「平衡」効果である。両方とも大事なのであり、しかも両方は脳の使い方が全く違うはずだ。

「胃は使えば使うほど疲れるが、頭は使えば使うほどよくなる」という言い方がある。よほどの天邪鬼な性格でもない限り、誰しも人より頭がよくなりたいと思っているだろう。すべては生まれつきではなく、思考の規律を獲得し、努力することによってできない話ではない。しかし、単に頭を使えばいいのではなく、使い方に工夫がいる。いくつか方法があるが、三つをあげてみる。

まず、自分の頭の調子のいい時間帯を最大限に活用することだ。一日の中での頭の働きの調子のいいときと、そうでもないときがある。大半の人は早朝に一番頭が働くと言われている。実際に経験してみると、単に頭がよく回転するだけではなく、これまでばらばらに見えていた事象があるまとまりをもって統合（インテグレート）されるような思考ができるのである。これは明確なステップを踏んで行うというより、瞬間的にそれぞれの部分が全体の枠組みの中に納まっていくという感じである。

二番目の方法は人の一〇倍考えるというやり方だ。ということは、人が一回考えるのであれば一〇回、人が一〇回考えるのであれば一〇〇回考えるということである。通常、一〇〇回考える人はまれであるから、一〇〇〇回考える必要はないかもしれない。そのように繰り返し考えると、脳の中でニューロンが同時発火する確率が高まり、たぶんその瞬間に自分でも思いがけないくらい思考がトントンと展開する。当てもなく考え続ける忍耐力を獲得するには、この瞬間を経験することが大事だ。

三番目の方法は、できる限り五感を動員しながら考えるということである。五感のうち、特に目と手を使いながら考えるのである。手を使って考えたものを、目を使って批判的に眺め、改善点を見つけてもう一度手を使って考えるという作業を自分で満足だと思えるまで続ける。

この三つに共通するのは「分析する思考」というより、「組み立てる思考」ということになるだろう。これがまさに「デザインする思考」である。すなわち、デザインの作業は仮説の設定とその検証を繰り返し行うことである。ただし、仮説は分析から帰納的または演繹的には出てこない。どこかでひらめきが必要だ。

ひらめきには凄いものと、そうでないものがある。最初から凄いものは出てこない。何度も繰り返し考えているうちに、突如出てくるものである。それによって仮説が格段とよくなる。作業としてはまず仮説を作り、その妥当性や有効性を試してみる。結局、上手くいかない、気に入らないということで捨てざるを得ない。気を取り直してまた新しい仮説を作り出して、試してみる。それを何度も繰り返す作業を忍耐強く続けていると、最初の仮説がとても幼稚に見えるくらい練り上げられた、そして誰もが簡単には思いつかないような仮説にたどり着くことができる。

デザインとは帰納的でも演繹的でもないし、まして学問でもない。通常、大学院で博士号をとれるような分野ではない。しかし、長い訓練が必要な、高度なプロフェショナル技能である。その仮説・検証型推論を、座学とは違う「身体知」的訓練で得た技能を使いながら繰り返すのである。統合というのは方法論のない作業であるが、そのための唯一のアプローチは繰り返し作業なのである。

しかし、ここで当然に湧いてくる疑問は、仮説と検証の繰り返しは「理科系」の発想ではないのかということかもしれない。しかし、それは違うであろう。俗に「文科系」という分野の思考の中にもこのような思考パターンを見ることができる。philology（文献学）や単にpoint of view（見解）を述べているだけの学問がないわけではないが、前作に登場していただいた中国哲学が専門の中島隆博先生によると、哲学の訓練とは仮説・検証の手法を身に付けることだと言う。文科系、特に難解に思われる哲学のような分野であってもそうならば、ほとんどの学問で帰納的あるいは演繹的推論だけではなく、仮説・検証的な作業を活用していると言えるのではなかろうか。

他方で、「理科系」という表現を考えてみる。大学で「理学部」あるいは「工学部」の分野ということを指す。そのうち、「理学部」の中には物理学や天文学、数学、化学、生物学などの「科学」、あるいは「自然科学」の学科が集まっている。それに対して、明治時代にphilosophyの日本語訳として、愛智学、理学、哲学などの候補があったという。西周が「哲学」という表現を採用したが、それは「理学」もありえたのである。理科系の「理学」

と文科系の「哲学」は、かつてはそれほど距離が遠いものではなかったのだろう。実際、古代ギリシャにおいては、科学と哲学が一体であった。それが一二世紀ルネサンス以降、だんだんと神学、哲学、科学が分かれて行き、近代以降は科学が大きく発達したわけである。

とはいえ、ここにきて素粒子物理学や宇宙物理学という科学が、実証科学というより哲学に近づき始めているようにも思える。超弦理論や、「人間原理」の宇宙論、そしてuni-verseという単一の宇宙ではなく、multi-verse的な宇宙論などがその例である。いよいよ人類は、新たな世界観のステージに来てしまったのかもしれない。そういう意味でも、我々の仮説・検証的な能力、すなわち「デザインする思考力」はいっそう試されていくのであろう。

*

今回お話を伺った方々は、仮説・検証あるいはデザインというべき作業をしつこく追及しておられる。そのような作業の中に見え隠れするお一人おひとりの学問分野における思考の展開を楽しんでもらいたい。また彼らが語る内容から、読者ご自身が思考するためのヒントを得られるかもしれない。研究職にかぎらず、産業界、公官庁などの幅広い層の方々が、本書から自らの資質の開化につながる示唆を得ていただければ幸いである。

本書を刊行するにあたって、前著と同じように原稿作成には田中順子さんのお世話になった。また、東大出版会の小暮明さんも対談の勝手気ままな展開に付き合い、何とかまとめていただいた。お二人の忍耐に感謝を申し上げたい。最後に、本書の出版にあたり、長時間のインタビューに応じていただいた六人の方々に心よりお礼を申し上げます。

二〇一三年一二月

東大ＥＭＰ特任教授
横山禎徳

目次

東大エグゼクティブ・マネジメント
デザインする思考力

はじめに――「分析する思考」から「組み立てる思考」へ ……i

サイエンスにはある発見によって
トレンドが大きく変わってしまう潮目がある。
その変化に乗って勝ち残っていかなければならない

村山 斉 東京大学カブリ数物連携宇宙研究機構（ＫａｖｌｉＩＰＭＵ）機構長・特任教授、米国カリフォルニア大学バークレイ校物理教室教授／素粒子物理学

パラダイムシフトに対応する姿勢 ……1

知とデザイン1――知的世界のアントレプレナー ……38

年間二五億人分もの食糧が植物病で失われている。
世界の飢餓人口を養えるだけの食糧を
守ることができるかもしれない
難波成任　東京大学大学院農学生命科学研究科教授／植物病理学
多様な事象から普遍性を探る思考……41
知とデザイン2——現代社会と科学技術……80

イスラム教は宗教であり思想であるが、
それが現実の政治の問題になると
確信を持っていた

池内　恵
東京大学先端科学技術研究センター准教授／イスラム政治思想

現象全体の仕組みを捉える分析力……83

知とデザイン3——イスラムと出会う時代……124

「左手に研究、右手に運用」。
しっかりとした科学的な基礎があって、
それを運用するという責任を持つ

江崎　浩
東京大学情報理工学系研究科教授／情報通信工学

矛盾した構造を変えるオープン化……127
知とデザイン4——インターネットの本質……163
経済史研究者は、料理する対象に応じて包丁とか鍋釜も自分で開発する料理人です
小野塚知二——東京大学大学院経済学研究科教授／西洋経済史
「失敗の合理的背景」という観点……167
知とデザイン5——「新しい無知」の認識……201

一番面白い結果は、セレンディピティから出てくることが多い。それが新しい研究テーマにつながる

井上将行 東京大学大学院薬学系研究科教授／有機合成化学

失敗をオリジナリティにつなげる戦略……205

知とデザイン6——創薬と社会システム……239

編者紹介……243

パラダイムシフトに対応する姿勢

村山斉
東京大学カブリ数物連携宇宙研究機構（Ｋａｖｌｉ ＩＰＭＵ）機構長・特任教授、米国カリフォルニア大学バークレイ校物理教室教授／素粒子物理学

サイエンスにはある発見によってトレンドが大きく変わってしまう潮目がある。その変化に乗って勝ち残っていかなければならない

Hitoshi Murayama

東京大学カブリ数物連携宇宙研究機構（Kavli IPMU）機構長・特任教授，米国カリフォルニア大学バークレイ校物理教室教授，リニアコライダー・コラボレーション（LCC）副ディレクター．米芸術科学アカデミー会員．日本学術会議連携会員．／1964年生まれ．東京大学理学部卒業，同大学大学院理学系研究科博士課程修了．東北大学助手等を経て，カリフォルニア大学バークレイ校教授．文部科学省が世界トップレベルの研究拠点として発足させた東京大学カブリ数物連携宇宙研究機構（Kavli IPMU）の初代機構長に就任．／専門は素粒子物理学．主な研究テーマは超対称性理論，ニュートリノ，初期宇宙，加速器実験の現象論など．／『宇宙は何でできているのか』（幻冬舎），『宇宙は本当にひとつなのか―最新宇宙論入門』（講談社），『宇宙になぜ我々が存在するのか』（講談社），『村山さん，宇宙はどこまでわかったんですか？　ビッグバンからヒッグス粒子へ』（朝日新聞出版）など．／2002年に西宮湯川記念賞，2011年に新書大賞，2017年にアレキサンダー・フォン・フンボルト財団研究賞を受賞．

世界的な業績を誇る物理学者であり、国際共同の宇宙研究における若きリーダーでもある。最先端の研究成果を社会に還元するために、市民講座などで積極的に活動を行うとともに、初めての著書『宇宙は何でできているのか』がベストセラーに。その八面六臂の活躍における思考の過程を訊ねる。

「ああ、そうか！」と納得したくて研究を続けている

好奇心が旺盛なんですね。

村山先生のご専門の「素粒子論」というのは素人にはあまりなじみのない分野だと思いますが、どのような研究分野なのでしょうか。

素粒子の「素」は「もと」で、「粒子」は「つぶ」という字ですが、その字のごとく、身の回りの物質を細かく見ていき、その素が何でできているのか、どのような仕組みで動いているのかという、物質の最も基本的な構成要素とその運動法則を調べるのが素粒子物理学です。二〇世紀にこの分野は大きく発展しました。そして物質の基本的な構造はほとんど分かってきています。

物質は原子でできており、その原子の中央には原子核があり、その周りを電子がまわっています。原子核を構成するのは陽子と中性子であり、それらは、さらに小さいクォークでできています。原子の大きさが一億分の一センチメートルで、クォークはそのさらに一〇億分の一以下の大きさなので、どれほど小さいか分かると思います。このように、身の回りの物質については、超ミクロの世界のことまで分かっています。

一方、広大な宇宙に目を向けてみると、まだ解明されていないことが多く、しかも素粒子の研究がいろいろな意味で宇宙にかかわっていることに気づきました。たとえば、宇宙を昔にさかのぼると星や銀河は存在せず、暗黒物質と原子のみがあり、さらにもっと昔になると原子核と電子がバラバラに動いていた時代があります。昔に戻れば戻るほど、宇宙は小さい素粒子の世界になるのです。そういう意味で、素粒子物理学の観点から宇宙を研究しています。

現在は、東京大学カブリ数物連携宇宙研究機構（Ｋａｖｌｉ ＩＰＭＵ）の機構長をしていらっしゃいますが、どのような組織なのでしょうか。

Ｋａｖｌｉ ＩＰＭＵは宇宙への根源的な疑問に答えるために設立された国際的研究機関です。そこでは数学者と物理学者が連携して研究を行っています。宇宙には謎が多いと言いましたが、Ｋａｖｌｉ ＩＰＭＵでは「宇宙はどうやって始まったのか」「宇宙は何でできているのか」「宇宙はこれからどうなるのか」「宇宙の基本法則は何か」「宇宙にどうして我々が存在しているのか」という五つの疑問を、最先端のサイエンスを結集して解明しようとしています。これらの疑問は非常に基本的で重要なのですが、とにかく難しい問題です。アインシュタインも「統一理論」を夢見て実現できませんでした。Ｋａｖｌｉ ＩＰＭＵでは宇宙の統一理論に数学、物理学、天文学の三分野を融合して迫ろうとしています。その中で私がいま最も興味を持っているのは、暗黒物質と暗黒エネルギーです。

とはいえ、こういう宇宙の研究や素粒子の研究は、私たちの生活やビジネスには全く役に立たないんですね。ただ、科学者は論理的な思考過程で研究を行っています。そのため、科学者も文化や先入観にとらわれながらも、なんとかそれらを打ち破りつつ仕事をしてきている。そのことが私の話から少しでも浮かび上がればと思っています。

「宇宙創生の解明」や「宇宙を支配する根源的な物理法則」の発見をしていく思考がいったいどういうものなのか。私だけでなく多くの素人には見当がつきません。たとえば日々の生活の中で、どのように思考が行われているのでしょうか。一日のうちで一番頭が働く時間というのはあるのですか。

夜ですね。完全な夜型です。夜の九〜一一時、その辺の時間が一番活性化しているかもしれません。一日仕事をしてひと通り終わったことにして、自宅に帰ってプライベートな時間になったときに、料理しながらとか風呂に入っている間とか、今日一日のことをまとめながら、これをどうしようか、次はこうしようかとつらつらと考え始めます。

頭の働かせ方にはいろいろあると思うのですが、たとえば分析的な思考というのはある程度システマティックにできますね。しかし、考えを深めていくようなフェーズにおいては、ご自身の頭の中でブレインストーミングをしているのだと思うんです。そのとき、何かひらめきが生まれやすくなるとか、何か独自の思考のパターンを持っているとか、そういうことはあるのでしょうか。

そんなことは考えたことがなかったのでよく分からないけど、子どものときから「何だ、これは?」と思ったことを「そうか!」と分かるまであれこれ考えるのが好きでした。いまも記憶に鮮明に残っているのは、夏にコーラを出されたときのこと。ストローを入れて飲もうとしたら、それが浮いてきた。普通ならうっとうしいと感じるのでしょうが、僕の場合「あれっ? 何だ、これは?」って思うんです。なぜ浮いてくるんだろうと、コーラとストローの関係をしばらく考えていました。すると、そのストローの周りに炭酸の泡がいっぱい付いていて、ストローと泡の合計が水よりも軽いから浮いてくるんだ、と気がついた。なるほどと納得できるまでコーラとストローをじっと見ているような子どもでした。小学校三年生くらいの思い出ですね。アルキメデスが湯船に浸かってお湯があふれ出すのを見て、王冠の重さの測り方に気づいたとか、そんな話を読んだ後だったからだと思います。

それから、アツアツのご飯の上におかかをかけると、うわーっと躍り出すじゃないですか。あれも面白くて「これ、何だろう?」と考えました。結論は、ご飯の熱で温められた空気が軽くなって上昇気流ができて、乾燥した鰹節がふわっと持ち上げられる、そして湯気にあたって水分を吸うのでまたご飯の上に戻ってくるという現象だと。そこまでやっぱり考えたくなるんですよ。

何か気になるとすぐに調べたり考えたりしたくなる。好奇心が旺盛なんですね。少しずつ分かってくるとワクワクしますし、ついに疑問が解けたときの「分かった!」という瞬間は気持ちいいでしょう。理解できて胸がすっきりしたときの嬉しさが忘れられず、いまも「ああ、そうか!」と納得したくて研究を続けています。

すごい観察力ですね。でも普通、小学校ではともかく覚えなさいと詰め込まれる。「どうして?」「何だ、これは?」といった子どもたちの好奇心こそ大切とされながら、実際の授業ではあまり期待されていないですね。

自分で考えてみるという側面はたしかに少ないと思います。時間が限られているからある程度のことは覚えなければならないのは事実で、九九を知らずに小学校を卒業するわけにはいかないけれど、二分でも三分でも「これ、どう思う?」「ちょっと考えてみて」と子どもに問いかける時間があれば、それだけでずいぶん違ってくるんじゃないでしょうか。

私自身、丸暗記する授業は苦手でした。白地図に平野、河川、山地の名前を書き入れて覚えるとかいうのは全く興味が湧かなくて、とことんできませんでした。一方、漢字を覚えるのは好きでした。それは漢字の成り立ちを教わってからです。これは象形文字、これは形声文字というように、偏《へん》が意味を持っていて旁《つくり》は音を表すなど仕組みやその訳が分かるようになってですね。

歴史も年号や人物名を暗記するのは嫌いでしたが、歴史のドラマ性には惹かれました。科学者の伝記も読みました。大発見の背後にはやはりそれぞれのコンテクストがあって、幼少時の環境や出来事がすべて重なり合って大発見に結びつくという、パーソナルでかつダイナミックなドラマに胸が躍りました。子どもたちをワクワクさせるというのは、とても重要なことだと思います。


いまの学校では、ワクワクさせて自分で考えさせるという訓練が足りないようですね。ま

た考えるということは、何かを壊して組み立て直すことで、そのためには度胸がいります。そうしてみて上手くいった経験を何度か積んで、度胸を出せるようにならないといけませんね。

科学者というのは、アインシュタインでさえ先入観にとらわれていたと言いましたが、たとえ先入観があったとしても、データと推論を積み重ねていくと、どうしてもいままでの考え方では上手くいかない瞬間に出くわします。そのとき、よくよく考えて本当に上手くいかないときは、潔くそれまでのパラダイムを捨てて、新たなパラダイムを受け入れていかなければなりません。

科学の歴史の中で、こうしたことは何度も起こっています。天動説から地動説へ、これが最初の大転換ですね。その後、「光」は波だと考えられてきたのが実は粒でもあることが分かったり、逆に「電子」という素粒子が粒と思われていたのが波でもあるという不思議なことが分かってきたりと、いままで当たり前に思ってそれを前提に物事を考えてきたベースが崩れてしまうことの連続です。

アインシュタインの相対性理論によって、「時間」もそれまで信じられてきたように誰にでも共通なものではなく、速く走ると時間は遅くなることが分かりました。このように科学はそれまでの考え方を捨てざるを得ない瞬間の繰り返しの上に成り立っているものであって、いま常識と思っていることも近い将来に壊されるかもしれないという中で科学者は仕事をしているのです。

それまでのやり方や考え方にボロボロとほころびが出てきたんです。物理学はがぜん面白くなりました

二一世紀に入り、物理学の世界では物事の見え方がものすごく大きく変わってきていますね。物理学の外にいる者にとっては実感できない面もあるのですが、本を読むとかなりショッキングなことが起こっていることが分かります。この二〇年ほどでどのくらいの変化があったのでしょうか。

私が学位を取って研究者になったのはいまから二〇年前です。当時は、素粒子論で標準モデルができて、宇宙のほうもビッグバン・モデルができて、それらが上手く収斂して基本的にこれでいいというベースが確立した時代でした。それは喜ばしい状態である反面、次に何をやればいいのか見えない膠着状態でもあって、科学者は職にあぶれたわけです。

ところが、その後一〇年くらいたったときに、実はあれもこれも分かっていないというように、それまでのやり方や考え方にボロボロとほころびが出てきたんです。物理学はがぜん面白くなりました。一番びっくりしたのは一九九八年に見つかった「暗黒エネルギー」です。この発見によって、「宇宙はビッグバンの爆発で始まって以来、重力で引き止められてだんだん勢いを失って、膨張がゆっくりになって来た」という従来の考え方がひっくり返されて、実はそうではなく「何者かが重力に逆らって膨張を後押しし、加速している」ということが分かって来たのです。

それから二〇〇三年には、宇宙のエネルギーの内訳がかなり正確にきまってきました。その中で、私たちが普通に物質と呼んでいる原子の存在は、宇宙全体のわずか四・四％にしか過ぎないことが明確になりました。小学校で「万物は原子でできている」と習った記憶がありますが、あれは大嘘です。宇宙というと夜空に輝く美しい星々を思い描くでしょうが、星や銀河は宇宙の中でほんの〇・五％の存在でしかありません。

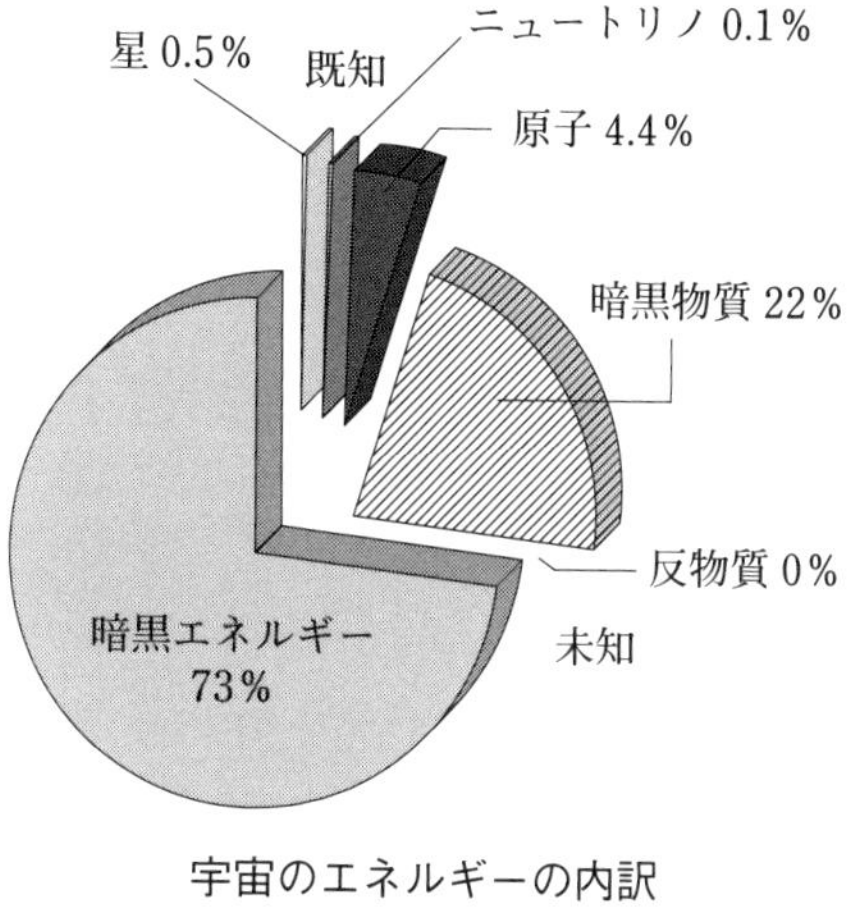

宇宙のエネルギーの内訳

では原子以外の残り九五％は何かというと、二

二%が「暗黒物質」と呼ばれる謎の物質で、七三%が「暗黒エネルギー」だというわけです。暗黒物質も暗黒エネルギーもまだその正体はよく分かっていないものなので、端的に言えば、宇宙には私たちの目に見えないものがいっぱいあって、宇宙の九五%はいまだ謎であると。こうしてそれまでの物理学の理論に対して巨大なほころびが発見されて、それを機に物理学は大きなパラダイムシフトの時代に突入しました。

巨大なほころびの発見者たちには次々とノーベル賞が授与され、一方で世界中の研究者はそのほころびをどうやって繕うかという新たな挑戦に乗り出しました。問題へのアプローチの仕方をここ一〇年ほどにみんなが考えてきて、やっと実際の実験や観測に結びついて、これから何か分かるのではないかというところまで来つつある。そういう流れだと思います。

暗黒エネルギー、暗黒物質の話はとても興味深いのですが、きわめて素人考えの質問をさせてもらうと、なぜもっと早く気がつかなかったのでしょうか。

実は一九三〇年代に、何か重力が足りないと気づいていた人たちはいたんです。銀河団を観測していた研究者たちです。銀河団にはたくさんの銀河が集まっていますが、各銀河が非常に速いスピードで動いているにもかかわらず、そのうちのどれかが銀河団の外に飛び出すなんてことはなく、固まった状態にあります。銀河同士がお互いの重力で引っ張り合っているということはあるとしても、固まってその場に留まるためには、目に見える星の重力だけでは足りないことに気づいたのです。そこで、何か見えない重い物質が存在して重力が生じているに違いないと仮定したわけです。しかしながら観測技術やそれを解析する理論が未発達で、それ以上を調べたり確かめたりすることができませんでした。

その後七〇年代には、そうした物質の存在が確信されるようになり、光を出さないけれど大きな質量を持つ物質ということで「暗黒物質」と呼ばれるようになりました。暗黒物質は、現在観測できる通常の物質の約五倍の質量を持ち、いまの宇宙ができたときの源であることがはっきりしてきました。つまりビッグバンによって暗黒物質ができ、その暗黒物質同士が集まり、その重力で普通の原子がそこに引きずり込まれて星ができ、銀河へと成長していったというストーリーです。星は生命の源ですから、その星を作った暗黒物質がなければ、私たちは存在しなかったことになります。

暗黒物質は私たちの周囲にも大量にあって、私たちの身体の中を通り抜けていると考えられています。身体を通り抜けているというと、なんだか奇妙で怖い気もしますが、普通の物質とはほとんど反応しないというのも暗黒物質の特徴です。

私たちの住む太陽系は、銀河系の中で秒速二二〇キロメートルというとてつもない速さで動いているのですが、それでも銀河系から飛び出すことなく留まっていますね。これも暗黒物質のおかげなんです。地球だって公転速度はじつに秒速三〇キロメートルです。これを小学校で教えないのは、毎秒三〇キロメートルで動いている球体の上にいると想像しただけで気持ち悪くなる子が出てくるからではないか、そう思うほどの速さですよね。

暗黒物質を観測できるようになったのはいつごろからですか。

たとえば、銀河の回転する速さをどうやって調べるかというと、ドップラー効果[1]で調べるのですが、その方法では電波を利用して、銀河の中でも端っこのほうを捉えないと測定できません。端っこには星はないのですが、水素ガスがたくさんあって電波を出しているんです。その電波をキャッチして、波長を正確に測らなければならないわけです。正確な測定のためには、ほかにもさまざまな条件があって、その条件を満たすような観測技術や解析手法が揃ってきたのがやっと六〇年代になってからです。その次には今度、暗黒物質の測定となるのですが、たしかに何かそのような物質があると分かっても、普通の物質と区別できないといけない。それができるようになったのが、今世紀に入ってからで、ごく最近です。

科学というのは、何か新しいものを説明しようとするとき、いきなり変な仮説を述べるのではなく、まずはいままで分かっていることの中で物事を説明しようとするのが本道です。

1 ドップラー効果…波（音波や電磁波など）の発生源と観測者とが互いに近づくときは波長が縮み、互いに遠ざかるときは波長が伸びて観測される現象。

あれこれ工夫して調べてみて、それでもどうしても暗黒物質の存在を認めざるを得ないということがはっきりしたのが二〇〇三年なんですね。何か分からないものがあると気づいても、その何かの存在が確信となり、さらに観測や実験によって確実となるまでにはいくつものハードルがあって、そう簡単ではないのです。

なるほど。そうすると一般的には理論物理学というのは紙と鉛筆でできるのではないかというイメージがありますが、それは誤解ですね。いまはかなり観測技術や解析手法などのインフラがしっかりした環境の中で、総合的に考えていかないと理論化できないことが多くなっている。そして二一世紀に入って、宇宙物理学の世界ではそうしたインフラが整いつつあるということですね。

もちろん、これまでの理論と技術のフェーズが揃っていない時期もありました。一九八〇年代、九〇年代は理論が先にできてしまって、実験がそれをことごとく検証していった時代なんですね。そうすると、理論の人にとっては、自分たちがすでに知っていることを実験が後追いしてきているだけでつまらないんです。むしろ実験の側から意外な事実が発見されて、「これ分からないぞ、これまでの理論では説明できないじゃないか」と問題を突きつけられると、俄然色めき立って考え始めるようになる。そのターニングポイントが、一九九八年の暗黒エネルギーの発見だったわけです。

観測や実験の装置を作り、活用する仕組みを考えるシステム・エンジニアリングは重要です

実験の側から新事実が発見されてきたわけですが、具体的にはどのような実験装置が大きなきっかけになったのですか。

暗黒エネルギーというのは、もともとは宇宙の膨張が減速していることを確かめるために始められた観測から、逆説的に発見されました。観測結果から、宇宙の膨張は実は減速しているのではなく、加速していることが分かって、宇宙を膨張させるには何か力が働いているはずだということになり、この何か分からないけれど膨張を後押ししている力を暗黒エネルギーと呼んだのです。暗黒エネルギーは宇宙が膨張していくにつれて、どんどん湧き出してくるという不思議なものです。

宇宙の膨張について少し説明すると、それはアインシュタインの一般相対性理論で予言さ

れたことですが、あくまで重力による現象なので、宇宙の膨張は地表に立って真上に投げたボールの運動と同じはずです。投げるときの最初の勢いがビッグバンで、だんだん上に上がっていくのが膨張。その後は重力に引っ張られてボールの上がるスピードは弱まり、あるところで止まって地面に落ちてくる。これと同じで宇宙も最初は勢いよく膨張するのだけれど、そのうち減速して、いずれ膨張を止めて萎み始める。そして最後はビッグクランチ[2]といってグシャッと潰れるだろうと考えられていたのです。学校でもそのように教わりましたよね。宇宙は一三七億年前のビッグバンによって誕生し、その後膨張を続け、宇宙自体の質量による重力でいずれ止まると。一九九〇年代まではそう考えられてきました。

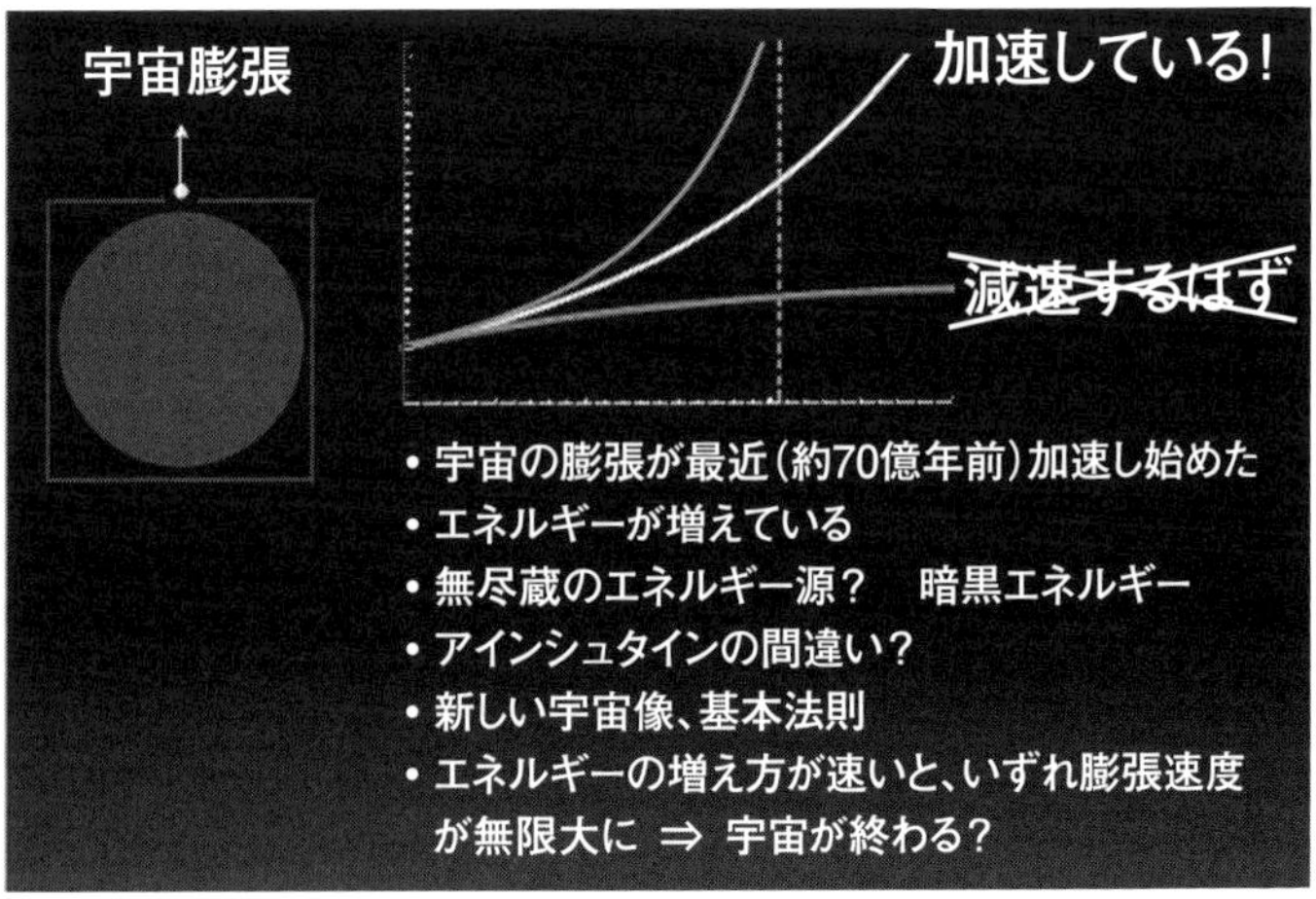
宇宙膨張
加速している!
減速するはず
• 宇宙の膨張が最近(約70億年前)加速し始めた
• エネルギーが増えている
• 無尽蔵のエネルギー源? 暗黒エネルギー
• アインシュタインの間違い?
• 新しい宇宙像、基本法則
• エネルギーの増え方が速いと、いずれ膨張速度が無限大に ⇒ 宇宙が終わる?

宇宙の膨張

そこで研究者たちは、減速しているという証拠をつかむために観測計画を立てました。減速を証明するためには、昔といまの宇宙の膨張速度を比べて、昔のほうが早かったことが分かればいい。昔の膨張速度を知るには遠くの銀河を見て、その銀河が遠ざかっている速さをドップラー効果で測ればいい。同様に近くの銀河を見て遠ざかっていく速度を測れば、最近の膨張速度が分かります。アイデア自体は単純です。

しかし問題は、遠い銀河、近い銀河の距離をどのように測るかということでした。宇宙空間の距離は簡単には分かりません。行って帰ってくることなどできませんからね。そこでいろいろな人が頭を捻って出てきたアイデアが、超新星爆発を使って距離を測るというものでした。超新星爆発というのは、巨大な星が一生を終えるときに起こる大規模な爆発です。その中でIa型超新星[3]という星は、爆発したときの明るさが銀河全体（千億個の星）よりも明るくなるので、すごく遠くにあっても見える。しかも明るさが決まっている。これらはとても大事なポイントです。つまり、その超新星爆発の明るさを測れば、本来の明るさとの差で距離が分かるわけです。近くにあれば明るいし、遠くにあったら暗く見えるということですね。

2　ビッグクランチ…宇宙終焉の仮説の一つ。ビッグバン以降、宇宙は膨張を続けているが、宇宙全体に含まれる質量（エネルギー）がある値よりも大きい場合、宇宙自身の重力によってやがて収縮に転ずる。ビッグバン後の経緯を逆にたどって超高温・超高密度の状態になり、最終的に宇宙の時空が潰れて特異点に収束する。

3　Ia型超新星（の爆発）…白色矮星が伴星からガスを呑み込み続け、太陽質量の一・四倍を超えたときに生じる爆発。

さてこれで距離を測ることはできそうだと。次なる問題は、超新星爆発をどうやって見つけるかということです。これが難しい。超新星はめったにありません。私たちの銀河の中で一番最近見つかったのは三百年前ですから、この三百年間、誰も超新星爆発を見ていないんです。ではどうするか。この問題に対して、システムエンジニア的な発想で、見事にブレークスルーを見出したのが、二〇一一年のノーベル物理学賞を受賞したソール・パールミュッター博士[4]でした。

私たちの銀河系の中だけで探そうとしたら何百年に一回しかないけれど、宇宙全体には銀河が千億個あるわけで、いつもどこかで超新星爆発は起きているんですね。とはいえ、宇宙全体から探すというのはあてどもない話で、しかもものすごく遠くの超新星を観測することになるので口径四メートル以上の巨大望遠鏡を使わなければできません。いかにシステマティックに見つけて、見つかった超新星をどうフォローしていくか。そこでパールミュッター博士は、「超新星オンデマンド」というシステムを構築したのです。これは、テレビ番組のオンデマンド視聴と同様で、「見たいときに見つかりますよ」というシステムなのです。

要するに宇宙のどこかで起きていることなので、かなり広範囲を調べれば確率的には常時一〇個くらいは見つかるはずである、と。見つかることが確実ならば、あらかじめ巨大望遠鏡を予約しておくことも可能となるわけですね。宇宙物理学では、サイエンスの目的ははっきりしても、宇宙が相手なので観測の仕方が分からないということがあります。それに対して、確実に観測ができる環境をシステムとして作り、その条件のもとで国際的な競争下にある巨大望遠鏡の時間を確保するという計画を作り上げたんです。これはすごく偉かったと思います。

私の好きな表現を使わせてもらえば、世界の希少資源である巨大望遠鏡の観測時間をどうやって有効活用するかという「社会システム・デザイン」のセンスですね。このように、単なる技術を超えた運営システムをデザインする才能が求められる分野は増えているのですか。

これはとても上手くいった稀有な例だと思いますが、観測や実験のための装置は複雑になる一方ですから、その装置を作ったり、それを活用する仕組みを考えたりするシステム・エンジニアリングは重要だと思いますね。

こうして観測ができるようになり、実際に超新星爆発の測定が始まりました。新月の夜、巨大望遠鏡で宇宙をバーッと見回すと、爆発の炎が一〇個くらい本当に見つかるんですね。それらを一個一個フォローして、距離と膨張の速さをプロットするという観測を繰り返すの

4　ソール・パールミュッター……一九五九年―。アメリカ合衆国の天体物理学者。

です。そうすると、膨張は減速していると考えられていたので加速度のカーブは下がってくるはずだったのですが、何度も丹念に調べていくと、従来の説とは逆にさらに加速していることを示す結果が得られたのです。

先ほどのボールに例えると、重力に引っ張られて上がる速度が遅くなってきたボールが、あるところから突然ググッとエネルギーを増して加速し始めたという状態です。いったい何が後押しするのだろうか、そのエネルギーはどうして増えているんだろうか。分からないことだらけなのですが、とりあえずつけた名前が「暗黒エネルギー」、つまり「見えない＝暗黒」のエネルギーというわけです。これが一九九八年の大転換です。

こうなると宇宙の運命はどうなるんでしょうか。みんなちょっと考えてしまっているところです。完全に追い詰められています。アインシュタインが間違っているのか、新しい基本法則が必要なのか、新しい宇宙像が必要なのか。膨張速度が無限大になって、無限に引き裂かれた宇宙で終わるというビッグリップ[5]の可能性もあります。

一九九八年以前、宇宙の膨張が減速していると考えられていた時代は、未来の研究者はますます観測が楽しくなるはずでした。宇宙の膨張がだんだん減速していけば、遠くの銀河がだんだん視界に入ってきて見えてくる。ところが、暗黒エネルギーの発見で宇宙の未来はひっくり返ってしまった。宇宙は加速度的に膨張している。となれば遠くの銀河はどんどん遠ざかって見えなくなり、いずれは近くの星くらいしか見えなくなってしまいます。宇宙全体を観測によって研究できるのはいまだけだということで、文部科学省の人には「早く予算をつけましょう」とお願いしているんですが（笑）。

コアの人たちの魅力で周りに人が集まってきます。ここでは観測や実験によるデータの魅力もあります

現在、研究チームはどのような規模なのですか。一人でできる研究ではないので、国際協力体制もふくめて人材確保、人材育成の問題はどのように取り組まれているのでしょうか。

Ｋａｖｌｉ ＩＰＭＵには現在、数学者、物理学者、天文学者あわせて九〇人の研究者がいます。このように異分野の人が一カ所にまとまって一緒に研究している施設は世界でも他に例はありません。その中で暗黒エネルギーの観測プロジェクトは、現在二〇人ほどのチームに育ってきました。

昨今、世界中の研究所が頭を抱えている問題があって、それはプロジェクトが大きくなる

5　ビッグリップ…宇宙終焉の仮説の一つ。ビッグバン以降、宇宙の膨張がどんどん加速し、ある時点で膨張速度が無限大になり、星も銀河もバラバラに素粒子になり、宇宙が無限に引き裂かれて終わる可能性。

と人数は増え、時間もお金もかかるようになるのだけれど、その結果は何ら保証されていないということです。プロジェクトは遅れることが多いですから、大学院生が論文を書けないという事態になる。これは深刻な問題なんです。

現在は、暗黒物質を見つける研究が盛んに行われていて、ＬＨＣ（大型ハドロン衝突型加速器）[6]実験などはフル回転していますから、その実験データの解析で論文は必ず書けるということで、しばらくは心配いりません。しかし、いまから五、六年前に大学院に入った学生は、ＬＨＣ加速器と実験装置の完成が遅れに遅れていたので、実験データが出てきて暗黒物質の存在を証明するような論文が書けると思って頑張っているのに、なかなかデータが出てこないというジレンマを抱えていたのだと思います。そうやって、運がそこで消えてしまうというかわいそうな年代もあるんです。

ＬＨＣ実験のような大規模かつ装置化されたプロジェクトとなると、装置を作っている間にたまたま大学院時代が当たると学生はたまらないですね。

そうなんです。日本とアメリカではどうしようもない。でもヨーロッパの大学は少し違って、実験装置を作っていますとか、実験のデザインをするときにシミュレーションしましたといったテーマで学位が取れる仕組みになっています。日本とアメリカでは、装置やシミュレーションでどんなに頑張っても、最終的にデータを取って科学的に分析するところまでいかないと論文として認められないことが多い。

大きなプロジェクトのかたわらで小ぶりのアイテムを動かすこともしていますが、小規模なアイテムはだんだん難しくなっています。サイエンスとしてインパクトのある結果を出そうとすると、ある程度の規模がどうしても必要になってくるので、教授一人と大学院生数人でどこまでできるかとなると困難になる一方です。そうなるとやはり運の悪い時期に論文を出さなければならない学生とそうでない学生の差は大きくなって、もはや学位とは何かといったことが問われるような時代になってきているのではないでしょうか。

カブリ数物連携宇宙研究機構長という立場になられると、多様なプロジェクトをマネジメントされていると思いますが、大型で長期のプロジェクトによってチームとして存在意義を発揮するとか、小型で短期のプロジェクトで学生に学位を取らせていくとか、一つのものに集中するとリスクが高くなるので並行して行うとか、その辺りのバランスをどのように考えていらっしゃいますか。

6　LHC（大型ハドロン衝突型加速器）…高エネルギー物理実験を目的としてCERN（欧州原子核研究機構）が建設した世界最大の衝突型円型加速器。スイス・ジュネーヴ郊外にフランスとの国境をまたいで設置されている。二〇一〇年に稼動を開始。

ポートフォリオを考えなければならないという感覚はありますね。いつも頭の中に棒グラフがあって、これは今ここまできているけど、こっちはまだこのぐらいだから、もうちょっとこっちに投資しないと上手くいかないとか考えていますね。プロジェクト・マネジメント的なチェックポイントがあるのでしょうが、そういうことに力を発揮するのは、自分でも向いているとは思っていません。トレーニングを受けたこともありません。ただ、冷静に考えればこのままでは危ないとか、それくらいは分かりますよね。

Ｋａｖｌｉ ＩＰＭＵは自由な研究環境ということで、人の出入りも激しいのではないかと思うのですが、そういう中でチームを維持して多様なプロジェクトをマネジメントしていくのは大変なことですね。世界中から有能な研究者を引きつけるのは、何が必要となるのでしょうか。

やはりコアになる人が必要です。コアの人がしっかりしていると、その人たちの魅力で周りにいろいろな人が集まってきます。人が惹きつけられるのは、やはり人なんです。それしかないんだと思います。それに加えてここでは観測や実験によるデータの魅力があります。人の魅力とデータの魅力ですね。

つい最近、アメリカ人とフランス人の二人がここに研究員として来たんですが、その理由の一つは、日本に来るとすばる望遠鏡[7]を使うことができるというものでした。それはやはり、ものすごく魅力なんでしょうね。すばる望遠鏡は、日本のコミュニティが作ったものですから、日本の研究機関に属していることが優先的に使用できる条件になっています。

日本はゲリラ戦と呼ぶべきもので、大きくないけれども面白いことをやっていて、それが当たっている感じなんです

観測や実験のための装置も常に先端的なものを作っていくことが重要ですね。そうしたことも含めて、世間の理解や国の予算配分を考えると、いまの日本の研究環境はかなりきついのではないでしょうか。

それは面白い質問で、きついかどうかはその時々の比較の問題なんですね。たとえば素粒子研究に限っていうと、アメリカはいますごくきついですよ。それに対して、日本は最近とても上手くやっていますよね。スーパーカミオカンデ[8]でニュートリノ[9]に質量があることを発見し、それがバックグランドとなり小柴昌俊[10]さんがノーベル賞を受賞しました。それからK

EK（高エネルギー加速器研究機構[11]）で作ったBファクトリー加速器[12]によって小林・益川理論[13]の検証を行い、両氏のノーベル賞に結びついたという成果もあります。装置を開発して、実験でいい結果を導き出し、それがノーベル賞という形で脚光を浴びるところまでいっています。

これらのプロジェクトは世界的に注目されているので、ビッグプロジェクトのように思われるかもしれませんが、額にするとそれぞれ百億円とか二百億円といった規模の実験です。先ほども話に出たLHC実験などはおそらく五千億円くらいではないでしょうか。ヨーロッパがアメリカに勝つという意気込みで、お金を集めて作った実験設備ですからね。世界で最もインパクトをもつ科学実験でもあるわけです。日本はどちらかというとゲリラ戦と呼ぶべきもので、それほど大きくないけれども面白いことをいろいろやっていて、それが当たって

7　すばる望遠鏡…アメリカ・ハワイ島にある日本の国立天文台の大型光学赤外線望遠鏡。
8　スーパーカミオカンデ…岐阜県飛騨市、神岡鉱山の地下一〇〇〇メートルにある東京大学宇宙線研究所の宇宙素粒子観測装置。
9　ニュートリノ…素粒子の一つ。素粒子のグループの一つであるレプトンに属する。
10　小柴昌俊…一九二六年—。日本の物理学者。自らが設計を指導したカミオカンデによって自然に発生したニュートリノの観測に成功したことにより、二〇〇二年にノーベル物理学賞を受賞。
11　KEK高エネルギー加速器研究機構…茨城県つくば市に拠点がある基礎科学の研究所。高エネルギー加速器は、電子や陽子などの粒子を光の速度近くまで加速して高いエネルギーの状態を作り出す装置。
12　Bファクトリー加速器…素粒子実験に用いる大量のB中間子・反B中間子（B中間子の反粒子）の対を生成している加速器。
13　小林・益川理論…小林誠と益川敏英によって一九七三年に発表された理論。素粒子のグループの一つであるクォークが自然界に少なくとも六種類あると指摘して、「CP対称性の破れ」を解明した。二〇〇八年、小林、益川両氏はノーベル物理学賞を受賞。

いる感じなんです。

ヨーロッパの巨大プロジェクトと日本のゲリラ的プロジェクトの成功の影で、アメリカはいまちょっとじり貧になっているんですね。何が問題かというと、アメリカは何事もナンバーワンにならなければやる価値がないと考えるようなスタンスがあって、小さなことを地道にやる人がいない。大きいことがいつもできればいいのですが、予算的に厳しくなると、こんな予算では本当のナンバーワンのことはできないからやらない、という方向に行ってしまうんです。つまりオール・オア・ナッシングです。その結果、いまはナッシングのほうに行ってしまっているので本当に困っているんです。そういう意味では、日本の研究環境はまだ健全だと思います。


ナッシングのほうに振れると、研究者も散らばってしまいますね。再編成も難しいと思われます。それはポリシーというより社会の価値観ですね。覇権主義の国であるアメリカ、ヨーロッパ連合、そして今後に中国が参加していけば、まさに覇権主義同士の世界一を取り合う競争になっていきます。

そういう中で、日本は覇権主義ではない独自の価値観をもっていて、中規模なプロジェクトをあちこちで立ち上げて、ゲリラ戦によって挑んでいるということですね。それは研究開発の戦略としては十分あり得るのではないですか。

それでいまは、すごく成功していますね。もちろん不安要素はたくさんあります。政治の問題にしても見通しは明るくないですが、それでもアメリカよりは日本のほうが安心して見ていられます。

日本とヨーロッパでは、それぞれ異なった理由によって政治からある程度独立した形でサイエンスができる環境にあります。それが現在の成功の要因として大きいのではないかと思います。ヨーロッパは先ほども言ったように、世界一の研究を大同団結して行うということで、各国が署名をしてＣＥＲＮ（欧州原子核研究機構）[14]を立ち上げましたから、そこに各国の人たちが集まって研究をするときには、それぞれの国の事情はとりあえず取っ払われるわけです。国どうしでは政治の問題をいっぱい抱えているけれども、そこに集まった瞬間にそこからは自由になる。ＣＥＲＮの安定感はそうした条件の上に成り立っていて、モデルとしては素晴らしい。

一方の日本ですが、アメリカから見ると結構上手く行っているように見えます。私はＫａｖｌｉ ＩＰＭＵに来る前はアメリカにいたので、「なぜ日本があんなに上手くいっているのか」とよく聞かれました。「首相がころころ変わるような不安定な環境で研究の成果が出せ

14　ＣＥＲＮ（欧州原子核研究機構）…スイスのジュネーヴ郊外でフランスとの国境地帯にある、世界最大規模の素粒子物理学の研究所。注6も参照。

るのはなぜなんだ」と、アメリカ人は不思議に思うわけです。私もわからなかったんですが、仕方がないので思いついた説明は、「政治がころころ変わるということは、政治家が自分の責任でこうやるんだと大英断ができなくなるために、基本的に現状維持というお役所的な思考が支配して、むしろ安定感ができている」というもので、とりあえずそう説明してきた。でも、日本に来てこれは本当かもしれないと思うようになりました。だから省庁の役割は日本ではとても大きいと思います。

宇宙観測の流れがガラッと変わった。すばる望遠鏡が圧倒的な力を発揮するようになりました

現在最も力を入れている研究はどういうものですか。

ＳｕＭＩＲｅ（すみれ）プロジェクト[15]という、宇宙のゲノム計画とも呼んでいるものです。ゲノムというのは生物の振る舞いを根本的に決めているものですが、私たちの目に見えません。同じように宇宙の根本の骨組みも、目には見えない暗黒物質と暗黒エネルギーでで

きていて、その性質を理解しないと宇宙の過去も未来も分からない。なので宇宙のゲノムともいうべき暗黒物質と暗黒エネルギーを調べようということです。

調べるといっても、それらは光を出しませんから望遠鏡を向けても映りません。見えるのは星と銀河で、それらは一個一個に個性があって、それぞれの歴史を引きずりながら宇宙の一住人としてそこに存在している。しかし、私たちが知りたい宇宙の進化と未来の解明のためには、宇宙全体を対象としてその傾向を知る必要がありますから、銀河一個一個の個性はむしろ邪魔になり、いわば「宇宙の国勢調査」を実施して全体のトレンドや膨張の加速の具合などを見極める必要があるんです。日本の高齢化がどこまで進んでいて、今後どのように加速するのかを知ることと一緒です。

宇宙の国勢調査をやるからにはたくさんの銀河を数年間のうちに観測しなければなりません。そこでは、すばる望遠鏡が力を発揮します。ＳｕＭＩＲｅ計画では、すばる望遠鏡に改造を加えてハッブル望遠鏡の千倍の視野を実現し、このような国勢調査を可能にします。また、大口径、広視野を活かした観測装置が必要になります。ＫａｖｌｉＩＰＭＵでは国立天文台と協力して次世代のカメラ、重量約四トン、ピクセル数約九億の超広視野カメラＨＳＣ（Hyper Suprime Cam）を作り、さらには銀河の光のスペクトルを測る超広視野分光器Ｐ

15　ＳｕＭＩＲｅ（すみれ）プロジェクト…すばる望遠鏡を使って銀河のイメージと分光器による赤方偏移の観測をするという意味で、「Subaru Measurement of Images and Redshifts」と名付けられ、略してＳｕＭＩＲｅ。

FS（Prime Focus Spectrograph）を設計しました。この分光器は同時に約三千の天体から来る光を測定する必要があるため、ファイバーを約三千本束ねて瞬時にミクロン精度で向きを定めて次々と観測を続けていきます。

要するに、たくさんの銀河の写真を超広視野イメージングでパチパチ撮っていきながら、超広視野分光器で一個一個の銀河からくる光の色をきちんとプリズムで分けて調べていくという作業です。

それによって見えている銀河の地図ではなく、見えない暗黒物質の地図を作るということですね。

暗黒物質が存在すれば、暗黒物質の重力に光が引っ張られて、光の経路が曲がります。これは、重力レンズ効果です。これはアインシュタインの一般相対性理論から導き出されるもので、重力によって光がレンズを通したように曲がるという現象です。光がどれだけ曲がっているかを調べれば、そこにどれだけの重力があり、その重力をつくるためにどれだけの物質があるかが分かります。

この効果を使えば、暗黒物質が集まる場所があった場合、その背後にある銀河を見ると、銀河からの光が暗黒物質の重力に引っ張られて曲がるので、銀河の形がゆがんで見えます。

ゆがんだ銀河がどこにあるかを調べれば、その手前にある暗黒物質の分布図ができるというわけです。

宇宙全体でそうした銀河の光の曲りの程度を観測することによって、暗黒物質がそこにあることが推定できますね。そうやって暗黒物質の三次元地図を作っていけば、宇宙の起源から進化の様子をありありとみることができるようになると考えています。

それからこの計画では四百万個の遠方銀河（数一〇億光年離れた銀河）の分布を、超広視野カメラと超広視野分光器の二つの観測を組み合わせて精密に測っていきます。そうして宇宙の膨張の歴史を解明します。その結果、宇宙の膨張の加速の原因である暗黒エネルギーの正体に迫り、ひょっとするとアインシュタインの間違いが見つかる可能性もあります。またいままで

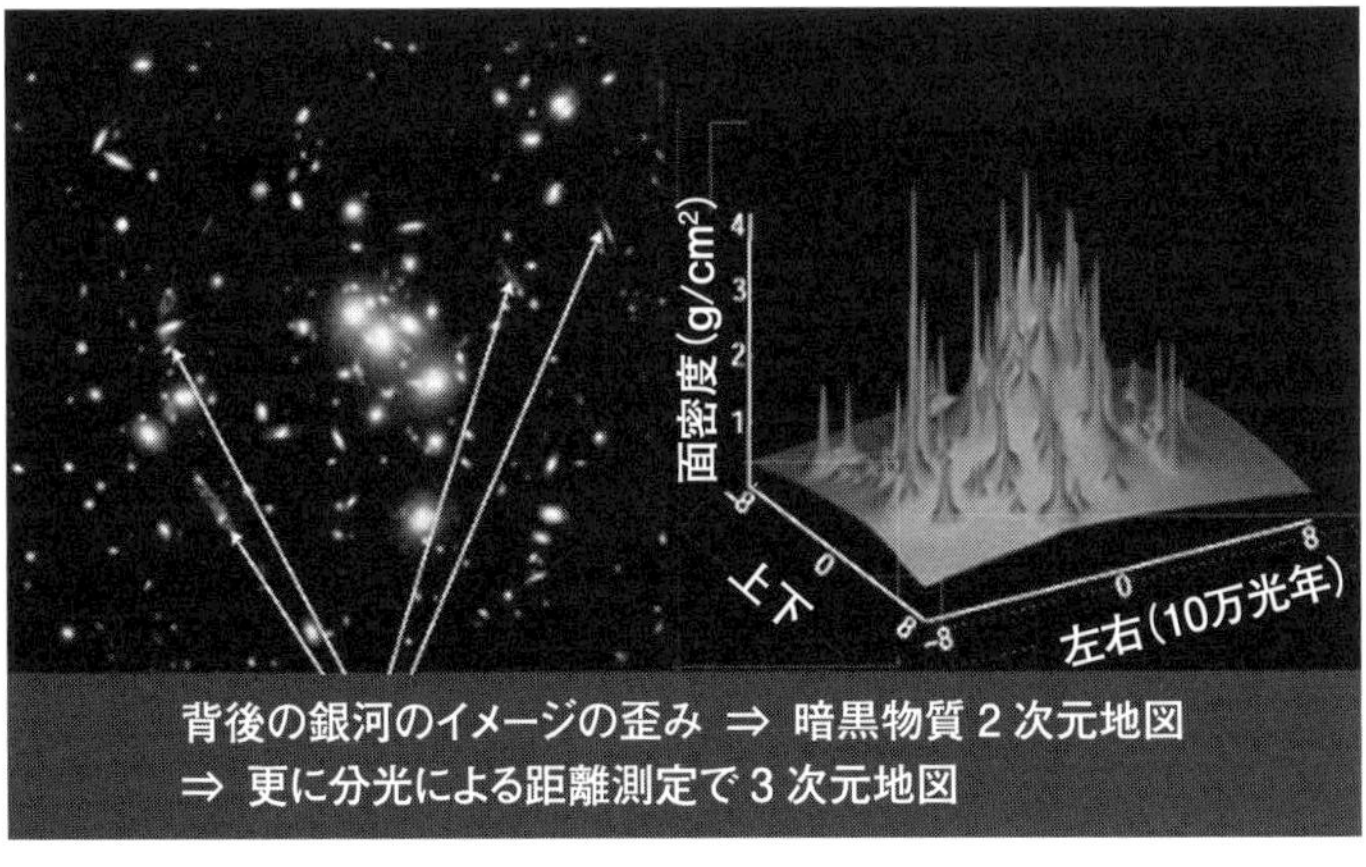
面密度（g/cm²）
上下
左右（10万光年）
背後の銀河のイメージの歪み ⇒ 暗黒物質 2 次元地図
⇒ 更に分光による距離測定で 3 次元地図

宇宙の暗黒物質地図

の膨張の歴史から未来を予測することもできるようになります。

そのような観測を可能にする望遠鏡はいま、すばる望遠鏡以外にないわけですね。開発当初から、暗黒物質や暗黒エネルギーの観測を想定していたのでしょうか。

実は設計の段階からある程度そういうことをやりたいというアイデアはあったそうです。でも、最初からそこまで重装備にはできませんから、少しずつ補強して行くつもりだったのかもしれません。今回も新たな補強をして、ものすごく大きなものを取り付けるわけですから、もともとそういうセンスがあって重厚なつくりになっていなければ不可能だったと思います。同じような大きさの望遠鏡は他にもありますが、すばる望遠鏡には先見の明が構造として盛り込まれていたんですね。

すばる望遠鏡ができたとき、私はアメリカにいたので彼らの間での評判をいろいろ耳にしました。当時口径八メートル級の望遠鏡はすでにあって、すばる望遠鏡はその三倍くらい高価なものでした。それくらい構造ががっちりしていたということなんですが、当時アメリカでは、日本人は無駄な金を注ぎ込んであんなものを作ったと言われていました。

ところが、宇宙観測の流れがガラッと変わったわけですよね。一個一個の星や銀河を丹念に調べるスタイルから、国勢調査スタイルが大事だというように変わった途端に、すばる望遠鏡が圧倒的な力を発揮するようになりました。このように、サイエンスにはある発見によってトレンドが大きく変わってしまう潮目があって、トレンドの変化に乗って勝ち残っていかなければならないという面があるんですね。

知とデザイン1――知的世界のアントレプレナー

東大教養学部の学生時代に、とても頭の良いクラスメートがいた。期末試験の数学など、私は与えられた時間をすべて使ってようやく答えにたどりつけるかどうかであったが、彼は開始後二〇分くらいすると席を立って出て行ってしまう。問題を見ると何となく答えが分かってしまうのだそうだ。マシーンとしての優秀な脳というものが存在することを認めざるを得なかった。

当時、彼は進路として理論物理学に行くかどうかを悩んでいた。理論物理学の最先端に追いつくのにかかる時間を考えると、その後に自分の独自の理論を生み出す時間は数年しかないというのが彼の悩みであった。それに人生を賭ける度胸がなかなか出せないようだった。

そのせいか、理論物理学の学者というのはマシーンとしての脳が優れているだけでなく、度胸もある人だという先入見がある。たぶんその二つは必要条件であろう。しかし、それだけでも十分ではないようだ。学者コミュニティでの競争に耐え、抜きんでていく戦略性に加えて、いまや紙と鉛筆だけでは答えられない、巨大化する研究プロジェクトをマネジメントする能力が求められる。それは優秀な人材が集まってくるような魅力の醸成と、その人たちが伸びやかに研究を続けられる環境作りなど、極めて高度で複雑な作業になっている。言い換えれば、知的世界のアントレプレナーであることを要求されている。
村山先生が機構長であるＫａｖｌｉ　ＩＰＭＵという組織も独特な発想だが、その組織を入れる器としての東大の柏キャンパスにある建物もユニークだ。数学、物理学、天文学の専門家たちが研究室にこもりきりになるのではなく、彼らが常に出会い、自由に議論できる、村山先生によるとイタリアの街の広場のようなスペースが中心にある。そこには大きな黒板（白板ではない）がいくつも置いてあり、興が乗ればすぐにチョークで数式を書きながら議論が始まるような雰囲気を醸し出している。そして、いろいろなフロアからその様子を垣間見ることができるようになっている。そのようにして、人と人との関わりを作りだすことが、抽象的な「連携」という言葉よりも、具体的な活動になりうるのであろう。

ビッグバンや膨張する宇宙、ブラックホールなどは、私たちにとっていまや日常的な表現になっているが、村山先生との対話に出てくる暗黒物質や暗黒エネルギーに関しては、ほんの最近まで誰も耳にしたことがなかった。少なくとも二〇世紀の教科書にはまったく書かれていない。

私たちが見慣れている物質世界は宇宙の全エネルギーの四％ほどでしかなく、それ以外の暗黒物質などがなければこの宇宙に銀河系が存在せず、巡り巡って人類が誕生しえなかったという仮説はこれまでにない衝撃的な発見である。また、宇宙の膨張が加速化するという新しい観測事実と、その作用の源が暗黒エネルギーであるという仮説も含めて、私たちの宇宙観、人間観が根本から揺り動かされることになるのは間違いない。物理学だけでなく、他の諸科学さらに哲学は大きな影響を受けるはずだ。

少なくとも、物理学の世界においてはアインシュタインの相対性理論、ボーア、ハイゼンベルグ、シュレーディンガー、ド・ブロイの量子力学に匹敵する、二〇世紀以来の新たなパラダイムの入り口にいるのである。いま、若い研究者にとって素晴らしい可能性が開け始めている。

近年、スイスにあるCERNとその巨大装置であるLHCが、ヒッグス粒子に絡んで世間の注目を集めている。実はこのヨーロッパ中心の組織に約百人の日本人研究者が参加している。その中には、博士論文を書くために来ている若者も沢山いる。数年前に現地を訪問し、彼らといろいろ話をした。マスコミが書いているような「海外に行きたがらない内向きな近頃の若者」というイメージとはまったく関係なく、日本とスイスを行ったり来たりしながら論文書きに励んでいる若者たちである。「実験の結果、何も見つからなくてもそれはそれで博士論文になりますよ」とあっけらかんと話していたことがとても印象的であった。ことさら目を輝かしたり、肩をいからせたりするわけでなく、まったく普通の若者なのだが、やはり頭がいいだけでなく度胸のある人たちなのだ。

（横山禎徳）

年間二五億人分もの食糧が植物病で失われている。
世界の飢餓人口を養えるだけの食糧を
守ることができるかもしれない

難波成任
東京大学大学院農学生命科学研究科教授／植物病理学

多様な事象から普遍性を探る思考

Namba Shigetou

東京大学名誉教授，東京大学大学院農学生命科学研究科特任教授，東大 EMP コチェアマン．／1951 年生まれ．東京大学農学部卒業．同大学院農学系研究科博士課程修了．アメリカ・コーネル大学客員研究員，東京大学農学部助教授，同大学院農学生命科学研究科教授．1999 年同大学院新領域創成科学研究科教授，2004 年同大学院農学生命科学研究科教授を経て現職．／専門は植物病理学．植物ウイルスと，植物にさまざまな病気を引き起こす微生物「ファイトプラズマ」，およびそれを伝搬する昆虫と植物との相互作用について研究を行う．また，ウイルスの進化とその起源について探るとともに，病原性，ウイルスの輸送，宿主決定など，各種の重要な機能に関与する遺伝子の解明などに取り組む．／著書に『最新植物病理学』（朝倉書店），『植物ウイルス学』（朝倉書店），『植物病理学』（文永堂出版）（以上，共著），『植物医科学 上』（監修・執筆，養賢堂），『創造する破壊者　ファイトプラズマ』（東京大学出版会）など．／2002 年日本植物病理学会賞，2004 年日本マイコプラズマ学会北本賞，2010 年エミー・クラインバーガー・ノーベル賞，2013 年紫綬褒章，2014 年日本農学賞，読売農学賞，2017 年日本学士院賞などを受章・受賞．

毎年二五億人分の食糧が、植物病によって失われている。

植物病の予防や治療のために、国内初となる「植物病院」を開設し、「植物医師」の養成にも力を注ぐ。

また植物に病害を起こす細菌「ファイトプラズマ」の研究で、E・K・ノーベル賞を日本人で初めて受賞。

こうした基礎科学から社会問題までを見据えた、柔軟な研究活動の背景にあるものとは？

「多様性の中に普遍性を見出す」というベクトルを温め続けてきた

難波先生は「植物病理学」を専門とされていますが、東京大学の植物病理学研究室は、世界で最初にできたとお聞きしました。

一九〇六年に世界最初の植物病理学研究室が、ここ東京大学でスタートしました。植物病理学というのは、微生物が原因で起こる植物病[1]の発病の仕組みを明らかにし、診断・治療・予防する技術を開発する学問領域のことです。昔はもっぱら後者が中心でした。

1　植物病…微生物による病害、害虫害、雑草害、貯蔵病害、生理障害等の総称。

明治期以前にも植物病理学の歴史はあったのですが、微生物は肉眼では見にくいので、「害虫による植物病」と「微生物による植物病」を区別できなかったため、虫害の中に病害も含まれていました。「むし」（虫）という言葉は、「湿度が高い」つまり「むしむしする」ために発生したものという意味でした。戦後まで鹿児島地方では、菌類病であるタバコ疫病をボタンムシと呼んでいました。江戸後期の篤農家である小西篤好[2]が著した『農業余話』にも「病と虫とは始末の違いである。気が腐って病となり、病が終わって虫となる」と記されており、病・虫は一体のものと考えられていたことが分かります。

ヨーロッパでもギリシャ時代から、病害は、植物が変化したものと考えられていました。一九世紀にパスツール[3]が微生物が空気中に存在することを培地によって証明し、生物の自然発生説が根底から覆されます。それ以降、「病原学」が急速に進歩して、医学者が植物病理学の面倒も見るようなかたちで近代化の道を歩むようになります。同じ頃、一九〇六年に植物学者である白井光太郎[4]先生が、世界に先駆けて東京帝国大学農科大学に植物病理学研究室をつくったのです。白井先生は多数の植物病害の病原菌を同定し、我が国の「植物病理学」の礎を築いた人です。植物学者といいましても、あの時代、彼は考古学者であり、我が国最後の本草学者でもあった。現に、白井先生は弥生式土器を発見した人でもあるんです。

有名な話ですが、一八八四年、学生だった白井先生が二人の友人とともに土器を見つけた。それが、のちに縄文式土器とは異なるものと認められ、発見地である本郷区向ケ丘弥生町（現在の文京区弥生二丁目）の地名を取り「弥生式土器」と名付けられ、弥生文化の発見に繋がったんです。そして、そのときの友人というのは、一人はのちに理科大学教授になった坪井正五郎[5]先生、もう一人は工学部教授になった有坂鉊蔵[6]先生なんですね。坪井先生はこの発見がきっかけで、人類学教室の初代教授になります。この世紀の発見を記念して「弥生式土器発掘ゆかりの地」の碑が東京大学の農学部と工学部の間に建てられています。

その時代の研究者は皆じつに多様な経験を持ち、分野を超えた興味と知見を兼ね備えていたのですね。

学問はすべて興味から生じるものです。旺盛な好奇心と情熱、そして生命力も必要です。白井先生は薬草の専門家ですから、不老長寿の薬とされていたトリカブト[7]の乾燥品をご自分ですりつぶし常用しておられ、親しい知人にも分けていたそうです。その効果は絶大で、柔

2　小西篤好…一七六七―一八三七年。江戸後期の篤農家。長年の農業経験と知識に基づき『農業余話』を一八二八年刊行。
3　パスツール…一八二二―九五年。フランスの化学者。細菌学者。
4　白井光太郎…一八六三―一九三二年。植物病理学者。日本で植物病理学の研究を推し進めた最初期の人物。
5　坪井正五郎…一八六三―一九一三年。自然人類学者。日本の人類学の先駆者。
6　有坂鉊蔵…一八六八―一九四一年。工学者。日本海軍の軍人。
7　トリカブト…キンポウゲ科トリカブト属の総称。根を乾燥させたものは漢方薬や毒として用いられる。

道で鍛えた強健な体に、大食漢で、一週間は不眠不休で仕事を続けられたと言います。ところが知人からの依頼が多くなり、製剤所に依頼したところ、毒性成分が多くなったために友人に配る前に自分で毒見をして亡くなってしまわれました。薬草の本の巻頭に必ずこの話が書いてあるんですね。もともとは理学部の植物学に籍を置いていたのですが、理念的な世界だけではつまらないというので、実学である農学の世界に移ってきたのです。

私は、一九九八年の新大学院「新領域創成科学研究科」の設置に携わり、先端生命科学専攻に着任しました。そこは工学・理学・薬学・医学の先生方と一緒の学術領域のルツボで、理念的な世界で研究することができたんですね。そして農学部に戻っているいまの私からすれば、白井先生の実践されたパラダイムシフトは私にとって二回もあったことになります。

農学部はミニユニバーシティのようなところで、理・工・医・薬・経済などの実学部分が集まっている。しかも私がいるところは昔の農学科で、理学・医学・経済学の要素が合わさっているのです。『ネイチャー』などの学術誌への投稿を目標に研究している新領域創成科学研究科からやって来ると、そこは一気に泥臭い雰囲気に包まれます。サイエンスとして目指す方向が大きく変わるわけです。「現実の問題から解決に必要な部分を抜き出して、あるモデルを演繹する」というベクトルと、「現実の多様性の中に、それらがもつ普遍性を見出していく」というベクトルでは大きく違いますからね。理念的な世界では、ぺんぺん草[8]を研究している人も、それが稲や人間にも応用できると考える。そういうやり方に対して我々は、稲、麦、大豆……と植物にとどまらず、微生物、昆虫……とさまざまな生物を俯瞰的に見て、そこに現れる多様な事象から普遍性を見出していこうと考えているので、日々の思考パターンには相当に違いがあると思います。

難波先生は、ある時点で「多様性の中に普遍性を見つける」という方向に軸足を移されたということでしょうか。

もともとそういう発想があったので、問題は展開です。それは偶然・必然の混じり合いの中で流れが出来てくるのです。その底流で「多様性の中に普遍性を見つける」というベクトルを温め続けてきたということです。

そもそも私が農学部に憧れたのは、大学二年生のときでした。通常の授業の後、夜間に行われる自由研究ゼミナールの一つに、大腸菌のファージ[9]に関する分厚い英語の教科書を輪読するのがあって、「これはすごい」と思ってウイルスをやりたくなり、学内のウイルス研究者を調べまくりました。当時、薬学部にいらした水野伝一[10]先生に聞いたら、来年退官なんで

8　ぺんぺん草…植物分子生物学の研究用モデル植物、シロイヌナズナ（の別名）を指して比喩的に用いている。
9　ファージ…細菌に感染するウイルス。
10　水野伝一…一九一九年―。薬学者。生化学会会長、日本薬学会会頭。一九七八年日本学士院賞受賞。

すね。次に理学部の授業にもぐりこんで聴いたけど教授は講義に来なくて若い人が黒板に何か書いているだけで面白くないわけ。そうしたら農学部には、ファイトプラズマ[11]（当初は「マイコプラズマ様微生物」と命名）を世界で初めて発見したばかりの與良清[12]先生と土居養二[13]先生がウイルスもやっていると分かり、断然面白そうだと思ったわけです。お二人はその後日本学士院賞を受賞されるのですが、その直前ですから活気もありましたよ。

しかし実際に来てみると、研究室の先生たちは相当に個性的な考え方をしていることが分かりました。たとえば、ウイルス研究をするのに電子顕微鏡や遠心機を使うのはいいんですが、（当時の）分子生物学的手法にはあまりいい顔をされませんでした。

つまり、病気の起こる仕組みを理解しようとするときに、ウイルスをすりつぶしていくら細かく分析してもシステム全体を理解することも再現することもできないとおっしゃるんです。当時は、タンパク質がどれくらいあるかなどは不明の時代です。

「君ね、暗闇でもワンと鳴いたら、犬ってすぐ分かるよね。そういう一目で分かる発見に繋がる研究が大事なんだよ。あれこれ理屈をつけて、都合のよい実験を並べて仮説に結びつければ、白にでも黒にでもなるんだよ」と、酒を飲まされながらそう言われたことを覚えています。理学部とはだいぶ違うなあと思いましたね。でも、いま思うと、そういう壁を作られたお陰で、がむしゃらに実験をやれたんです。その過程で、思考の大切さを覚えた。一つの材料をモデルに分析しても、農学部では役に立たないんだということに気付くことができたんですね。いまでもそれは生きています。同僚の中には分子生物学の世界へと移っていった人もいますが、分子生物学は手法であって目的ではないことに当時は気付かなかった。とはいえ、何か一つやり遂げると、親でもボスでも信頼感を持つようになって、自由度を広げてくれるでしょう？　おかげで、博士号を取った後はけっこう自由にやれる雰囲気になったので、分子生物学のテクニックをはじめとする先端的手法を導入していきました。植物ウイルスとファイトプラズマ、それを媒介する昆虫と植物との相互作用を、マクロレベルから分子レベルにいたるまで、さまざまな手法を用いて研究しました。

ファイトプラズマの全ゲノム解読情報をもとに、途上国でも利用できる診断キットの開発研究を進めています

ファイトプラズマの研究について教えてください。二〇一〇年にマイコプラズマ学の国際

11　ファイトプラズマ…植物に寄生し病害を起こす微小細菌。
12　與良清…一九二一―二〇一三年。植物病理学者。一九七八年日本学士院賞受賞。
13　土居養二…一九二七―二〇〇六年。植物病理学者。一九七八年日本学士院賞受賞。

賞「Ｅ・Ｋ・ノーベル賞」を、先生は日本人で初めて受賞されています。植物マイコプラズマを「ファイトプラズマ」と命名したのも難波先生ですね。

ファイトプラズマを発見した土居先生たちが学士院賞を受賞して以降、その培養が難しいこともあり分子生物学的研究が行われないまま四半世紀が過ぎていました。そこで私がそれをやってやろうと後先考えず研究を始めました。

ファイトプラズマは、「ヨコバイ」というセミの仲間の小さな害虫が媒介します。発病した植物の汁を吸ったヨコバイに寄生し、次に別の植物の汁を吸うときにその植物に感染するのです。培養ができないと比較もできないので、植物ごとに個別の病名をつけ、「桑萎縮病ファイトプラズマ」のように病名に「ファイトプラズマ」をつけ、そのまま病原体を命名していたので、世界中で一千種類以上あったのです。

まず手がけたのは、ファイトプラズマの検出法の確立です。当時最先端のＰＣＲ法[14]という遺伝子増幅技術を使うことにしました。感染が疑われる植物や昆虫をつぶすと、ファイトプラズマがいればそのゲノムも溶け出してくるはずです。これは、大量増幅する技術で取り出したゲノムの遺伝子を植物病原体に利用した初めての例です。増幅したＤＮＡをそのまま直接ＤＮＡシーケンサー[15]にかけ、一時間くらいで塩基配列を解読する手法も確立しました。

これにより、ウイルス以外の植物病原体のうち、初めてファイトプラズマで分子レベルの比較分類や進化を調べることができました。その結果、当時「マイコプラズマ様微生物」と呼ばれていたファイトプラズマはマイコプラズマとは異なることが分かり、ファイト（植物の）＋プラズマ（もの、いずれもギリシャ語源）と名称を変えることにしました。また、それまで世界中で一千種類以上あったファイトプラズマをわずか三八種のファイトプラズマ属にまとめました。これで国際的に相互比較や議論ができるようになりました。

研究が遅れたもうひとつの理由は、マイコプラズマのタンパク質合成の形式が普通の生物と違うため、タンパク質を普通の生物で発現できないので、ファイトプラズマも無理だろうと考えられたからです。ところが私たちがファイトプラズマのタンパク質合成の形式を調べたところ、普通の生物と同じだったのです。これはいままでの常識を覆す大発見で、世界中のファイトプラズマ研究は一気に盛り上がりました。

そこで、培養できない生物は無理だろうと誰もが諦めていた全ゲノム解読にも挑戦することにしました。発想を変えればいいと考えたんです。ファイトプラズマ感染植物のゲノムをまるごと解読したあと、健全植物のゲノムを解読して引き算すればよいのです。メタゲノミクス[16]の原点とも言える発想です。米・英・仏・独・伊・豪なども乗り出しましたが一研究室

14　PCR法…ポリメラーゼ連鎖反応法を利用して大量の増幅対象のDNA領域を得る方法。
15　DNAシーケンサー…DNAの塩基配列を自動的に決定する装置。
16　メタゲノミクス…環境サンプル中の微生物を培養せず、混在した状態のゲノムDNAを直接分析する研究分野。

ですべてやり、二〇〇四年、世界に先駆け全ゲノム解読に成功しました。

論文ではファイトプラズマを「究極の怠け者細菌」と表現したり、「退化的進化を遂げた微生物の生存戦略」としていますが、相当にユニークな生命体なのですね。

最近、パンドラウイルスという多くの遺伝子を持った巨大ウイルスが見つかりました（二〇一三年）。大きさは〇・七ミクロン、ゲノムは二五〇万塩基、遺伝子は二六〇〇個もあります。大腸菌は三ミクロン、五二〇万塩基、四三〇〇個。ファイトプラズマは最小〇・一ミクロン、五六万塩基、四二〇個ですから、ファイトプラズマは、大きさでは巨大ウイルスの七分の一、大腸菌の三〇分の一、ゲノムサイズでは巨大ウイルスの五分の一、大腸菌の十分の一、遺伝子数では巨大ウイルスの六分の一、大腸菌の一〇分の一しかありません。

これまで遺伝子数が最も少ない生物とされていたマイコプラズマのゲノムは約五八万塩基、遺伝子数は約四八〇個ですから、ファイトプラズマはマイコプラズマより遺伝子が少ないんです。マイコプラズマが生体外の環境中に生存できるのに対して、ファイトプラズマは生きた細胞の、栄養満点の環境中で生きることを選んだために、必要最小限の遺伝子にまで削ぎ落としても生存できるようになったわけです。

とにかくファイトプラズマはこれまでの最小生物よりも、巨大ウイルスよりもシンプルなのです。ファイトプラズマには、生きるために必須のエネルギー合成酵素や栄養素（糖分）の取り込み装置（いずれも生命の条件）がありません。また、核酸塩基（ＤＮＡ・ＲＮＡの材料）やアミノ酸の合成回路がありません。要するに、生存に必要な物質の大半を宿主から調達しているんですね。おそらく長い寄生生活の果てに、自分で働くのをやめてしまったんでしょう。「究極の怠け者細菌」とは、自分で作らずに寄生した相手から何でも奪って生きているので、論文の載った『ネイチャー』の編集長が付けたあだ名です。

ファイトプラズマは、どのようにして植物に病気を引き起こすのでしょうか。

ファイトプラズマのゲノムには、既知の病原性遺伝子は見つかりませんでした。したがって、未知の遺伝子が病原性に関与している可能性が高い。ファイトプラズマは、自分では作れないエネルギーや栄養分を寄生した細胞から取り込む輸送装置をたくさん持っているんです。植物がせっせと作った物質を横取りしているのです。このため植物は養分欠乏症状を示し、葉や茎が成長不良になり萎縮し、黄色くなり枯れたりするのです。

また、枝が短くなり、背丈が低くなって、脇から沢山の短い枝が出ます。この病徴が伝説に出てくる天狗の巣に似ていることから、日本では「天狗巣病」と名付けられましたが、その原因は不明でした。ファイトプラズマから分泌されるタンパク質は四〇くらいありますが、犯人はこの中にあるはずです。そこで、片っ端から植物に入れたところ、たった三八アミノ酸からなる小さなタンパク質が犯人で、「TENGU」と名付けました。

ファイトプラズマは、それぞれ特定のヨコバイの種によって媒介され、この組み合わせは厳格です。そこでこの仕組みを調べました。その結果、ファイトプラズマでは種によって異なる構造のAmpというタンパク質が膜表面をびっしり覆っていることが分かりました。そして、昆虫が植物の汁を吸うと、腸の中に入って腸の内壁のタンパク質とAmpとが結合できるファイトプラズマだけが体内に入り込めるのです。この結合を阻害する薬を見つければ、ファイトプラズマ病を防ぐことができます。

こうした病気は、日本ではいつ頃からあったのですか？

かなり昔からあったはずで、ゲノム情報から推定できます。ファイトプラズマの祖先はいまから六億年前に現れ、一億八千万年前のジュラ紀後期に昆虫と植物に感染するファイトプラズマが分かれたと推定されます。

記録として残っている最古のものは、江戸時代に蚕のえさとなる桑の葉が縮んだり、小枝が大量に出て全体が萎縮する病気が問題となったと記述されていますから、今日の桑萎縮病は約一八〇年前にはすでにあったのです。そして明治二〇年以降、養蚕業が盛んになった頃

から激烈を極めました。専門家も原因が分からず、結局三〜四〇年もの間放置され、その間に稲などの穀物や野菜・樹木に同様の病気が国内外で報告されました。土居先生は一九六七年、電子顕微鏡観察によりファイトプラズマを発見されたわけです。

いまも、国内外で大きな被害が出ているんですよ。中国では大量の桐の樹が、また東南アジアやアフリカ、アメリカ大陸などでは洗剤や繊維の原料になるココヤシ、バイオエタノール原料のキャッサバなどに広がっています。ココヤシなどはいったん発生すると、その年のうちに畑が全滅してしまうといいます。そこで、全ゲノム解読の成果を用いて診断キットを開発・製品化し、途上国でも利用できるように改良する研究をしています。

先生の活動は基礎研究だけでなく、臨床にも乗り出しているということですね。

二〇〇八年に国内初となる「植物病院」を東大農学部に開設しました。それを支える「植物医科学」という教科書と研究室をつくって取り組んでいます。病害・虫害・生理障害など、植物病を総合的に診断・治療・予防する臨床技術や、「植物医師」を養成する教育プログラムの開発などをしています。千葉県柏市では一般市民向けに講義などを行い、日本植物医科学協会により認定された約七〇〇名のコミュニティ植物医師が活躍しています。

世界の食糧の全生産可能量のうち三分の一が植物病によって毎年失われています。中でも病害は一五％、二五億人分の食糧に相当します。植物医科学の研究成果を現場（臨床）に役立てることによって、食糧の損失を減らせば、世界の飢餓人口（約九億人）を養えるだけの食糧を守ることができると考えています。

人間臭いことはマネジメントの部分でやるべきで、課題設定や思考の部分はニュートラルに自由にやらせるべきだ

難波先生は普遍性と多様性の両方を往還できる環境をつくって仕事をしていらっしゃるのですが、誰もがそう器用なことができるわけではないですよね。サイエンスというと、とかく無機的で真理を追求するのみといった冷徹なイメージをもたれがちです。しかし研究を進めるプロセスは人間臭いものではないでしょうか。

たしかに人間臭い。実際、人間が研究活動するわけですから。むしろその人間臭さを活用して真理探究の場を創れると考えています。高校生のときに、将来研究者になりたいと進路指導の先生に相談したら、「大学は人間臭いから大学以外でしなさい」と言われたんです。

実際に入ってみて分かったことは、大学が一番研究しやすい。しかし、人間臭さを研究に必要なものとして認める気にはなれません。人間臭いことはマネジメントの部分でやるべきで、課題設定や思考の部分はニュートラルに自由にやらせるべきだと思います。

マネジメントにもいろいろなやり方がありますね。雑駁な言い方をすれば、堅固なヒエラルキーが形成されていて軍隊的に動けるからこそ成果を挙げられる場合もあれば、多様性を大事にしてまとまりのない中から何かが生み出されるという場合もあります。

たとえば、「あれこれ言っている暇があったら、少しでも売って来なさい」と檄を飛ばして成果を積み上げさせるのが前者ですね。それに対して、「あれこれ文句を言うし、態度は気に食わないけれど、仕事はできるよね」というように、個性を受け入れたうえで再現性の少ないところに突出した成果を出させるのが後者です。大学では本来、後者のマネジメントが必要であるように思います。しかし、現実にはなかなかそうはいっていないでしょう。

そうですね。クリエイティビティが必要な場面では、後者のマネジメントが絶対に必要です。前者は、ある程度方針が決まって、ある価値観のもとに一気に進めるという場合は有効です。大学では後者が求められるわけですが、前者のやり方でも成果を挙げることは可能です。有能な研究者をズラッと並べて号令一下、決まったレールの上を走らせればいいんです。でもそれは企業や研究機関でできることです。

日本では、研究における「若手」の定義も高齢化して、昔なら教員になってもいい年齢の研究者たちがポスドク[17]のまま、ポストが空くのを待っている状態です。そういう「若手」が、大型予算を獲得している大物研究者の元に吸い寄せられるわけです。そうすると成果は挙がるべくして挙がる。しかし、クリエイティブな成果は、そこからは出てこないんです。それが大学の弱点であり、変えるべきところでもあるのです。

研究のフェーズによって、そういうやり方でむしろ進めるとき、進めないときの両方があるのではないですか。

その通りです。私の研究人生においても、博士号を取るまではガチガチのヒエラルキーの中で軍隊式の走り方を強いられ、ポスドク〜助手の時代は自由にやれました。そして助教授のポストがあるから来ないかと言われて農場に行ったのですが、そこでは軍隊式にこなさねばならない業務がありました。ただ、幸運なことに、一年したら大型研究予算が付き、業務と併行して自由にやりました。次いで新領域創成科学研究科の創設の作業は軍隊式で進め

17 ポスドク…ポストドクターの略。博士研究員とも言う。博士号取得後に、任期制の職に就いている研究者。

て、移ってからは自由な世界で研究に没頭しました。

それは難波先生だからできたのかもしれませんね。普通、そんなに簡単にギアチェンジできないと思いますが。

緩急自在に走り方を変えられる能力を育むのが大学の本来の役割です。私が幸運だったのは、農学部に電子顕微鏡室という学部共通施設があったことなんです。そこに行くといろんな分野の学生、研究者と会えて、さまざまなスキルやノウハウを学べ、教えることもありました。製氷機の中にビールを潜ませて、夕方五時を過ぎると皆で飲みながら自分の研究室のマネジメントとその現状や顚末について先生が語る経験談、選択を迫られている学生の悩みなど、その後の決断を要する場でとても役立ちました。いってみればサロンのような場でした。ああいうところで時間をつぶせる人は、余裕があるだけでなく軸足がぶれない人たちで、いまも活躍していて再会することも多いですね。折り畳み式ベッドも将棋盤と駒もあった。そこでできた横のつながりはいまでも生きています。昔は時間がゆっくりと流れていたんです。ただ当時の電子顕微鏡室はいま閑古鳥が鳴いています。

最近の機械はほとんどがパーソナライズされ、自分のそばにないと満足できないという時代です。したがって、横のつながりをつくろうと「○○サロン」とか企画しても、来る必要のある人が来ません。以前、総長補佐のときに、高機能機器と有能な若手を集めた、自由度の高い共同実験センターを本郷キャンパスにつくるよう総長に提案したこともあります。

人間の社会で大騒動が起こっていても、アリンコは黙々と行列をつくっている。生き物の世界が急に面白く思えてきた

そもそも、なぜウイルスや植物の分野に興味を持たれたのですか。

私は、中学で運動部以外に数学研究会にも入っていたんですが、高校二年までは数学か量子力学をやりたいと思っていました。自宅には量子力学の本が並んでいました。受験勉強は嫌いなくせに、数学が好きで高木貞治先生の『解析概論』を高校時代に読破したんです。イプシロンデルタに始まりイプシロンデルタに終わる、あの本を最後まで読むのは根気を要しました。でも何とか読み通して感じたのは、「で、結局、何なの?」だったんです。そこでぶつかってしまったのです。早く読み過ぎたのかもしれません。それで興味を失って、生物系に転向してしまったのです。

私はいまでもその本を持っていますよ。いつかは最後まで読もうと思っていたのですが、いまだにそれはできていません（笑）。

そうですか。皆あの本と格闘するんですよね。本当に強烈でした。だから生物のほうに興味が移ったと言っても、数学への未練は簡単には断ち切れませんでした。悩み続けて、最後には京都の岡潔[18]先生の家にまで行ったんです。数学への道をやめたほうがいいのか、進んだほうがいいのかを聞きたくて。さすがに大物でした。学生服と学生帽姿でいきなり訪ねていった私に、ちゃんと会ってくれました。私の話を「そうかい」って聞いてくれたのです。結局、何も答えはくれませんでしたけれどね。進路指導のときにあれこれ言われたのとは対照的でした。でも、「そうかい」と聞いてくれる姿勢が自分の中に能動的アティテュードを生んだのです。それで、私もいよいよ自分の考えで動くしかなくなって、東京に帰ってきて決心しました。自分の望みに応えてくれるのは生き物かもしれないと考えたんですね。若気の至りだったという自覚はありますが。

とはいえ、数学は芸術だと思います。空間に存在する点から点に線を走らせて、もう一つ平行な線を走らせると、両者は永遠に交わらないと仮定できてしまう。でも、ほんの少しでも誤差があれば交わってしまう。それが現実なんです。だから、その芸術性ゆえに数学に憧れるわけです。中学校のときに所属していた数学研究会ではずっと和算に興味を持っていました。数学が好きになったのは、和算の芸術性に魅力を感じたのもあります。

数学は難波先生の心をつかんで、なかなか離さなかったというわけですね。

そうですね。高校のとき、世間では国際反戦デーに新宿騒乱事件が起きました。デモ隊が新宿駅になだれ込む様子を見ながら、日本は消滅するのではないかと思ったほどです。年が明けたら今度は安田講堂の攻防戦。静かに勉強できる状況ではありませんでした。『解析概論』の本を読んで、じっと考えてなどいられなかった。教室から机を出して、生徒が先生を囲み「制服をなくせ！」とかやっている。数学の先生とも角突き合わせるようになって教えてもらえなくなった。もう紙と鉛筆だけではだめだと思いましたね。いくら空理空論を唱えたところでこの世界は変わらないなと思った。感受性の高い年頃に特有の反応でした。数学から急に生き物に興味が移ってしまった背景には、あの時代の空気も大きく影響しています。人間の社会で大騒動が起こっていても、目の前のアリンコは黙々と行列をつくっている。そちらの世界が急に面白く思えてきたんです。

18　岡潔…一九〇一―七八年。日本の数学者。奈良女子大学名誉教授。
19　新宿騒乱事件…一九六八年に東京都新宿区で発生。ベトナム戦争に反対する左翼による暴動事件。

それからというもの、東大の応用微生物研究所（現在の分子細胞生物学研究所）に毎日通いました。勝手に訪ねていって、「何か面白いことをやらせてほしい」と頼んだのです。いまだったらあり得ないことでしょう？　でも高校の制服を着た私を研究室に入れてくれたんです。そこでは抗生物質による「阻止円」にのめりこみました。寒天培地に菌を播き、抗生物質を浸みこませたディスク（小さな丸い紙）を乗せると、ディスクの周りにドーナツ状の菌が生えない部分（阻止円）ができます。そこには目に見えない膨大な数の細菌と抗生物質の闘いが繰り広げられているんですが、見えるのはその結果でしかないわけです。いまとなってはささやかな実験なんですが、当時の私には寒天培地が日本列島で、そこで闘っている一個の細菌が自分のように見えてならなかった。

日本は独自の課題を設定して付加価値の高い研究を戦略的に行い世界をリードするべき

現在、生き物を扱う世界はどのように展開しているのでしょうか。

私は物理や数学から、生き物を扱う世界に憧れてこちらに来たのですが、生命科学もいまや物理化学的・数学的分析が主流になってしまいました。機械をたくさん揃えて解析に明け暮れている。必然的に情報の爆発が起こり、一つひとつの部品は分かったけれども、「じゃあ、どうやったら生命を作れるか」といったら誰も分からない。我々ヒトは六〇兆個の細胞からできていて、一個の細胞には六〇億個の塩基対からなる染色体があり膨大な情報が詰まっているわけですが、そのDNAをいくら調べても生命合成の術は分からないのです。そのことに疑問を挟まないまま、目先の研究に取り組んでいる人が多すぎるのです。

ゲノム解読技術は急速に進歩して、いまではヒトのゲノムを一時間、十万円くらいで読めます。あと数年もすると、一時間以内、一万円くらいで読めるようになるでしょう。しかし、分析はあくまで分析でしかありません。

むしろ、自分のDNAに入っている異常から遺伝病を見つけたり、治療したりというのが目標の主流となります。遺伝子検査がいま非常に注目されています。しかし、これらの分析データはあくまで大量の患者から得られる遺伝子のビッグデータをもとにした、遺伝子の特徴と病気との因果関係の統計的予測にすぎないものが多いのです。問題なのは、遺伝子検査を事業化しようとすると、あらゆる形質を診断しようという圧力が強まり、心もとない因果関係の因子まで診断の根拠としてしまいかねません。ビッグデータの典型的誤用です。ビッグデータを利用する際にはそのことに留意する必要があります。

私が長く務めてきた経営コンサルタントという仕事は、仮説検証型の問題解決を主な手法としています。仮説を立てて、データを集めて分析し、検証していくというアプローチです。ただし、現地調査やインタビュー、データ分析などで仮説が逆証明されたらそれを捨て、新たな仮説を作り出すということを繰り返します。そうして課題に肉薄していくわけです。

このプロセスを考えると、ジェームズ・ワトソン[20]やクレイグ・ヴェンター[21]らがやったことは分析というよりデータ蒐集に近いのではないですか。

そうです。一種の博物学です。現在の情報生命科学では、塩基一つの変化に対して一つのシステムしか見ていません。実際は、塩基一つの変化で、時間軸・空間軸においてからみ合った無数のシステムのプログラムが書き換わってしまうのですが、その分析に踏み込むことはまだできていません。

そもそも生命はDNAのみに支配されたシステムではありません。生命はさまざまなシステムの組み合わさった、いわば「超システム」です。超システムと呼んでいるのは、個々のシステムを個別に理解することができても、全体を理解できていないため、他に関与するすべてのシステムを総称してこう表現しているのです。超システムのもっとも重要な機能は、システムがシステム自身に言及し、自分自身で組織化していくことにあります。

人間の示すさまざまな活動、そして環境への適応などを理解するためにはシステム同士がどのように影響し合うかについて理解する必要があります。では、その超システムとは何か。それは、新たな子孫が誕生するときにはすでに出来上がっているものであり、最初の単細胞のときにすでに機能していることになります。細胞を構成するタンパク質、核酸などのあらゆるものがプログラムされたかたちで順次でき、スイッチが入ってゆく過程でその生命の個性が決まっていく。それらの各部品の組合せ、場によって生命の個性は決まることになる。これが超システムです。ですから、DNAをいくら知ったところで、生命体がDNAに還元できるわけではないのです。

一方で、「データ集め」について言うと、アメリカの存在が大きいと思います。あの国はゲノムに関しても、とにかく全データを握ろうとしているわけですね。

データ集めはアメリカの戦略です。ただ、そうすると日本も取るべき戦略を考える必要が

20 ジェームズ・ワトソン…一九二八年―。米国の分子生物学者。一九六二年にノーベル生理学・医学賞を受賞。二〇〇七年に自身の完全なヒトゲノム配列を公開。

21 クレイグ・ヴェンター…一九四六年―。米国の分子生物学者。実業家。二〇〇七年に自身の完全なヒトゲノム配列を公開。

ある。それなのに、文明開化のときからずっと欧米列強の戦略の追認、追随です。差別化したところで、「欧米人とは遺伝的背景が異なるから、日本人についてもビッグデータを取る必要がある」くらいでしょう。その時点で二番煎じなのだから、目標ではなく踏み台でしかないと考える必要がある。最初の課題設定に問題があるわけです。それではだめです。日本は独自の課題を設定して、もっと付加価値の高い研究を戦略的に行って成果を挙げていくべきです。政治家や官僚だけでなく企業人にも分かってほしいのですが、まずは大学がそのモデルを提示するべきなのです。

私が植物病理学研究室に二〇〇四年にきて、「植物医科学」分野をつくろうと決めたのも、まさにそういう危機感からでした。植物病理学の研究が欧米に追従する形でミクロ・ナノの世界に入っていき、植物生産・食糧生産の臨床現場から乖離してゆくことに危惧を覚えました。なので、植物病理学のアンチテーゼとして植物医科学を打ち立てて、臨床を強化するために植物病院を開いたんです。基礎研究の成果をもとに臨床現場で役立つ技術を開発してそれを普及させようと思ったら、企業と交渉しないといけませんから、否応なく社会的視点に立った思考展開が必要となります。そうやって視野を広げていかないかぎり、大学の研究室にこもっていたら独自の戦略など着想することも打ち出すこともできないでしょう。

遺伝子組み換え技術は自然界で起こっている組み換え現象に比べればまだまだ限界が多い

戦略という点でいうと、ＧＭＯ[22]でも世界の動向から日本はかなり遅れてしまっています。一般的にはまだまだ不安がられているというイメージが強いのですが、難波先生からご覧になって、現状をどのように考えていらっしゃいますか。

植物の遺伝子組み換え技術を利用すれば、どのような遺伝子でも導入することができますので、懸念を示す人たちにとっては、新たに細胞内で発現される物質がアレルギーやがんの原因にならないかどうか、気になるのだと思います。その点については十分な試験がなされてから実用化されるべきなのは当然でしょう。

一方で、我々はすでに人工的な先端技術によって大量生産されたものの恩恵を日常的に受けています。たとえば、組み換えＤＮＡ技術で製造された医薬品です。医療では、組み換えＤＮＡ技術や細胞融合、細胞培養法を合わせてバイオ医薬品と総称しました。

ところが、農業分野では、細胞融合や細胞培養までをバイオテクノロジーと呼び、遺伝子組換え技術はそのまま一人歩きさせました。これが医療と農業の明暗を分けたのです。医療では、常に「命の問題」「健康の大切さ」「病原体の混入した製剤による薬害の問題」を昔から議論してきました。しかし農業にはそれがなかった。正確な知識に基づかない発言を放置してしまった。長期ビジョンを欠いていたのです。このツケは大きい。農水省の農薬検査所（当時）や植物防疫所のように遺伝子組み換え作物・食品の安全性試験における世界最高水準の検査機関、たとえば植物医科学研究所をつくり、世界をリードすべきでしょう。

ＧＭＯに関しては、ある種の遺伝子を入れる過程で、ゲノムのさまざまなところに遺伝子の破片が散ったり傷が入ることが知られています。また、導入した遺伝子が想定外の影響を他の遺伝子に与える可能性もあります。これについてはきちんと解析する必要がありますが、正確な根拠なしに怖いものとして避けるのはあまりにも短絡に過ぎます。なぜなら、通常の交配で出来る作物も野菜も花も、家畜もペットもそして我々が親から生まれるときも同様のことが起こっているからです。まだ限界のある遺伝子組み換え技術よりも飛び抜けた「組み換え現象」が自然界では起こっていることを正しく伝える必要があります。これも植物医科学研究所に担ってもらえばよいのです。

22　ＧＭＯ…Genetically Modified Organism の略。遺伝子組み換え技術によって品種改良された生物のこと。本章では、特にＧＭ植物を指す。

一般の人々の場合、サイエンス・リテラシーの欠けたメディアからの情報を得て、過度に敏感になってしまうのは分かります。しかし、政治家や官僚はその辺りを理解して、日本の戦略を打ち出していただきたいですね。

二〇一二年の、世界のGMO作付面積は一億七千万ヘクタール。日本の農地面積の約三四倍、日本国土の四・五倍、世界の耕地面積の約一一%にもなる。今後さらに増えてゆくでしょう。GM種子の市場は一・五兆円。全種子市場の半分です。これまでの実績を見れば、ある日突然GMOの危険性が発見され、作付けが皆無になることは考えにくいですね。徐々に日本は包囲網を狭められつつあります。家畜のえさとなる飼料用作物や食用油などに使われる油糧作物がGMOの中心である海外に対して、日本では健康・長寿・資源を支える高機能・高生産性・環境保全型の、独創的・高付加価値GMOを開発する戦略しかないでしょう。

官僚の人たちも、そうした議論を国レベルで展開してほしいですね。彼らだって、きちんと説明できる後ろ盾を得れば変わるはずです。思想や文化に配慮した、国際的に信頼されるGM食品の評価基準を策定・発信し、厳格な検査を行う植物医科学研究所のような機関を作るべきです。和食は世界遺産になりました。日本の食文化は世界中から注目されているのです。日本製GM食品もそうなれないわけはないと考えています。

GMOへの不安の背後には、科学と技術の進歩が逆転してしまったことによる影響があるのではないかと私は考えているんです。科学と技術は、かつては「こうやると上手くいく」といった経験則としての技術が先行して、後から科学が理論として説明するという順で進歩してきました。その順序であるかぎり人々は安心できたのだと思うのです。

ところが、科学が理論を証明して、そこから技術が出てくるという時代にいま我々は入っています。その典型が原子力科学と生命科学の世界です。そうなると、経験則が効かないため人々の感覚はどこか落ち着かなくなって、不安感というか気持ち悪さが生まれてしまうのではないでしょうか。

日本農業は「飢饉」と「豊作」を「自然災害、神の怒り」と「天の恵み、神様のおぼし召し」に結びつけてきた永い歴史があります。だから自然のなりわいがよい、自然交配がよい、有機農法がよい、という理屈が常識化してしまったのです。でも実際、飢饉の大半は冷害（低温）が引き金となった「稲いもち病」という菌類病によるものです。また、稲作も園芸も、コシヒカリのような単一品種の稲を水田一面に植え、レタスやキャベツも広大な農地に同じ品種のものを何十年にもわたって植え続けているのですから、本来の自然の姿などではありません。これだけの人口を支える農業が生態系に影響を与えないわけがないのです。

だから有機農法がよいと短絡的な発想に行きつくべきではない。家庭菜園で有機農法を行えば、そこに発生する数百万の菌の胞子が飛散し農家の作物生産を苦しめるのです。収量を少しでも上げ、連作により痩せてゆく土地の養分を補うために肥料をまいたり、植物病を防ぐために農薬をまくことは悪いことだ。人々の心の中にそうした思い込みがあります。これは日本の農業の歴史と深く結びついて醸成されてきた感覚なので、そう簡単には変わらないでしょう。紀元前六世紀にイソップが「自然にとっては雑草が実子だ、実子は自然がちゃんと育ててくれる」と言ったそうです。十九世紀初頭に二宮金次郎が「稲と雑草は共に育つ、これが天の理だ。天から見れば、雑草を引き抜く人間の行為は明らかに天の理に反している。……しかし、それを貫かなければならない。」と言ったそうです。紀元前のイソップの風刺に習うか？　近世の二宮金次郎に学ぶか？

遺伝子組み換えに関しては、科学と技術を分けて考えられる部分と、そうでない部分があるのではないかと考えています。命に関わる病気で遺伝子治療以外に方法がない、あるいは、より確実に命を救える遺伝子組み換え医薬品があるとしたら、遺伝子操作技術であるか否かを問題にするでしょうか？　ところが、毎日食べる食品となれば、選択肢がある以上、遺伝子組換え食品は危険だから食べたくないと言う。この違いはメリットの問題です。命を救うためなら科学の最先端まで利用していいとなる。しかし、日常生活レベルのこととなると科学の進歩には制御が必要だという。科学と技術を分けて考えられる選択肢と分けて考えられない選択肢があるのです。

子どものときの五感を通じた体験は理屈を超え大人になっても影響するという実験結果があります。「バイオ」という言葉には「素晴らしい技術」というイメージが言葉に植え付けられています。これに対して「遺伝子組み換え」や「農薬」「合成添加物」「原子力」といった言葉は不安や健康への悪影響をイメージさせる言葉になってしまいました。原子力発電と再生可能エネルギー、農薬と有機農業。選択肢が複数あるものは、命に関わらない限り議論になりやすいのです。医療の世界で医者が患者と向き合って治療・投薬するシステムを作り上げ、「組み換え医薬品」ではなく「バイオ医薬品」と命名したのと対称的に、食料生産に関わる人たちは「バイオ作物」の代わりに「遺伝子組み換え作物・食品」を一人歩きさせてしまいました。私が植物医科学研究所・植物医師・植物病院を提唱しているのは、世界をリードする「遺伝子組み換え作物・食品」を開発し、消費者に正しく理解され、受容されるシステムの構築を念頭においているからです。

すべては連続している。何でも分類しようとする考え方が間違っているのだと思います

今後の研究の展望をお聞きします。いま、そこでは何が求められているのですか。

巨大なパンドラウイルスは自分で増殖できないので寄生する細胞が必要ですが、きわめて多くの遺伝子を持っています。未知の遺伝子だらけなので、それらが代謝系などを補っているかもしれない。まさに現代生命科学はパンドラの箱を開けてしまったのです。

このことから、私はもう生物と無生物の境はなくなってきたと考えています。生物界の進化の系統樹には、私たち人間を含む真核生物、バクテリア（一般細菌）、古細菌の従来の三つに加え、巨大ウイルス（パンドラウイルスなど）が加わるでしょう。原始の地球上にはRNAワールド[23]が確かに存在していて、遺伝情報はDNAではなくRNAに保存されていた。DNAワールドに移行するときに、巨大ウイルスの祖先が相当関わっていた可能性が出てきた。その祖先ウイルスから生物が発生した可能性さえあります。生物をめぐる世界観はこれ

から大きく変わる可能性が高い。遺伝子の数で比較すると、普通のウイルス∧ファイトプラズマ∧巨大ウイルス∧古細菌∧バクテリア∧真核生物、と巨大ウイルスが生物と生物の間に入ってしまった。私がここまで考えるのには理由があります。土壌中の微生物の九九％、海洋の微生物の六〇％、そもそも地球上の生物の八六％はまだ未知なのです。今後何が出てきてもおかしくない。生物と無生物の境目など設定すること自体、もはや意味は無いのです。

最近の免疫学の研究から、ヒトは生まれた直後には自己も非自己もなく、多くの異物を受け入れることが分かっています（免疫寛容期）。後天的に免疫細胞が自己と非自己の区別を「学習」し、最終的に自己と非自己の区別が生じるのです。しかし現実には、生体には（自己免疫疾患につながる）自己を攻撃する細胞の存在や、（ある種のウイルスが免疫寛容期に感染すると共生状態になり）非自己（ウイルス）に対し寛容さを確立する機構などがあって、自己と非自己の区別は免疫ひとつ取っても複雑です。植物においても同じことが言えます。病原体から攻撃を受けた植物細胞は病原体を道連れに自殺して、植物体全体の枯死から免れるよう設計されているのです。この自殺の仕組みは驚くほど複雑なのに、病原体の感染後瞬時に非自己を認識し、自殺のスイッチが入るのです。また花が咲くと、自己と非自己を認識し、自分の花粉を受け付けず、それが付いた場合にはその細胞は死ぬよう設計されています。し

23　ＲＮＡワールド…ＲＮＡからなる自己複製系がかつて存在し、現生生物へと進化したという仮説。

かし同種でも他の個体の花粉は受け入れるんです。植物は環境変動に適応して生き残れるよう、自らの多様性をつくりだして種の保存と拡大を図るんです。これらの仕組みはまだ謎だらけなのです。

ウイルスは無生物で、ファイトプラズマは生物ですが、感染した植物の反応には共通点が多く、そのシステムは共通していると考えています。そのメカニズムを解明すれば、世界中で毎年一〇兆円以上もの被害をもたらしていると言われるウイルスやファイトプラズマに対する特効薬開発につながります。生物と無生物の境目に見つかった連続性とこの共通性の接点には、何らかの科学的意義があるのではないでしょうか。

もはや系統を二元論で分けられないということですね。それは我々の価値観に大転換を迫ります。

そうです。「分ける」ことにこだわる考え方に問題があるのではないでしょうか。すべては連続している。その連続性が気持ち悪いからといって、何でも分類しようとする考え方が間違っていると思います。GMOが嫌だと言いながら、人工的につくったコシヒカリを食べ、工業的に加工したビールを飲んでいる。サイエンスの先端知を謙虚に学び、判断する智慧と思考力を培い、受け入れる勇気も必要だと思います。このような単純には結論できない、屈折した事態を受け入れてしまう感覚は、きわめて日本的です。西洋では、分類して枠組みにはめることが先行するので、このような意識は生まれにくいわけで、価値観が転換していくような時代には、日本的感覚はとても役立つのではないでしょうか。その意識がうまく働けば、事実をありのままに受け入れられるはずです。理系と文系、自然科学と社会科学、算数と国語、そうやって分類して枠組みを作った途端に人間の能力は壁にぶつかります。生命科学においても同じです。ある枠組みの中だけで見ていたのでは見えないことだらけになってしまう。境はできるだけ取り払ったほうがいいんですが、どうするかはやっぱり私たちの手に委ねられている。

実はファイトプラズマも二元論的生命観では分け難い微生物です。植物に運ぶ栄養分を大動脈に居座って奪う代わりに植物を若いまま維持し、昆虫をおびき寄せ、植物を生かさず殺さずの絶妙なバランスの上に自らの生存と拡大を図っています。また、ポインセチアやアジサイはファイトプラズマに感染しているおかげで珍重されますが、立派な病気です。甲州ブドウは元々全てウイルスに感染していました。治療してウイルスを無くしたら、もとの甲州ブドウの味が消えてしまいました。黒穂菌に感染しているマコモは、マコモダケとして高級料亭で出てくる珍味です。でも治療したら価値はありません。これらは日本人が自然の両義性を受け入れている典型的な例であることを認識すべきでしょう。

知とデザイン2——現代社会と科学技術

難波先生のご専門である植物病理学、そのなかでもファイトプラズマの話はきわめて刺激的だ。しかし、ファイトプラズマという言葉は日常生活では耳にすることはない。それが何であるかを聞いても、すぐに理解できる人はそれほど多くはないだろう。一方で、食糧危機の議論は聞き飽きるくらい行われている。世界の人口爆発（実際は、それが起こらないことは世界の出生率の変化を見れば明らかだが）による食糧不足、そして日本の食糧自給率の低さなどの議論である。後者に関しては、データがカロリーベースであることの意味合いを知らず（カロリーベースで四〇％、金額ベースで七〇％、しかし実際の一人当たりの消費量は一日二〇〇〇キロカロリーを切っていて供給量（輸入を含む）の三〇％を捨てている）、したがって何らの明快な解決策も出せないままでいる。

本気で解を求める意思を持って食糧危機を語るのであれば、難波先生の指摘にあるように、植物病によって世界の食糧供給の三五％が失われていることにも目を向けるべきであろう。すなわち、植物病の治療による食糧供給への改善効果は大きいのだ。現代の植物学は、それが可能なレベルに達している。このような事実に対して、私たちは無知なままである。しかも、その事実にすら気がついていない。科学に対する無知、すなわちサイエンス・リテラシーの問題である。

いま、私たちを取り巻くいろいろな課題は、科学と切り離しては考えにくくなっている。「科学技術」と私たちは無意識に言うが、科学と技術は表裏一体であるとしても、それぞれ基本的に違う側面がある。細かい定義の議論は別として、科学は認知的であり、技術は経験的である。種を蒔いて収穫するという農耕方法は試行錯誤を重ねて発達したのであり、農業生産性の向上も機具の改良を続けた結果である。すなわち、技術は生活のあらゆる側面で実用的なものであった。

その農業生産性が向上した結果、実際に農業に従事しなくてもいい人、つまり知識人を生み出し、彼らの一部が科学という世界に踏み込んでいった。それが西洋科学の発展の歴史であると言える。そこでは技術という経験則が、科学という理論によって裏付けられるということもたびたび起こった。しかし、科学が発展することで辿り着いたのは、経験則によらない技術、すなわち科学的理論に基づいた技術であった。その典型が「原子力科学と原爆・原発」、そして「生命科学とゲノム解読技術・遺伝子操作・ＧＭＯ」である。また、「情報科学とそれに基づいた情報技術」の異常な発展がその他の科学を支えているという意味で、分野間の融合も見られる。原子炉内での状況を推測するモデル・シミュレーション、人や動植物のゲノム解読、そして放射線がＤＮＡに与える損傷の解明などもその一部である。

このような状況では、素人である私たちの不安感、あるいは気持ち悪さというものが増幅されていく。もはやよりどころになる経験則は存在しない。たとえば、何を根拠にしてＧＭＯの是非を判断したらいいのか、多くの人は分からなくなっている。もはや限られた科学的知識、あるいはそれもないままの情緒的な判断が必ずしも妥当でない時代が来てしまったのである。

難波先生も指摘しておられるが、人工的なGMOや農薬による栽培よりも、有機農業の方が自然だという判断は必ずしも正しくない。農地であること自体、すでに人工的に作り出したものであり、本当の意味での自然ではないからだ。ジャレド・ダイアモンドが『文明崩壊』(草思社、二〇〇五年)の中で、人類が森林を伐採し、農地に変えていったことが、ひいてはある種の歴史的文明が崩壊した一つの要因であると指摘している。森林は失われ、農地はしだいに生産能力を失って牧畜にしか使えなくなるという荒廃のプロセスにあったわけだ。ヨーロッパの牧草地を眺めて美しいと思うのは構わないが、それは自然の景色ではないのである。

この例に見るように、現代社会に起こっている多様な現象に対して、私たちが妥当な判断をするには、これまでの学校教育で身に付く一般教養程度では不十分である。ここで大きく欠けているのがサイエンス・リテラシーなのである。しかし、原子力科学、生命科学、そして情報科学の扱う世界は身の回りの実感とは遠くかけ離れている。かなりの努力を傾けないと、基本的なことが理解できない。そのような課題に答える教育体系を速やかに確立する必要があるだろう。

東大EMPの講義は、サイエンス・リテラシーに関わる比率が大きい。講義は決して分かりやすくはない。しかし、「分からないけど分かる、分かるけど分からない」という奇妙な馴染み感は出来上がるのではないかと思っている。これまでのように「私は文系ですから……」と言って、問題を避けなくなることがサイエンス・リテラシー向上の第一歩である。

(横山禎徳)

イスラム教は宗教であり思想であるが、
それが現実の政治の問題になると
確信を持っていた

池内 恵
東京大学先端科学技術研究センター准教授／イスラム政治思想

現象全体の仕組みを捉える分析力

Ikeuchi Satoshi

東京大学先端科学技術研究センター准教授／1973年生まれ．東京大学文学部卒業．同大学院総合文化研究科博士課程単位取得退学．日本貿易振興会アジア経済研究所研究員，国際日本文化研究センター准教授，アレクサンドリア大学（エジプト）客員教授等を経て現職．ウッドロー・ウィルソン国際学術センター客員研究員，ケンブリッジ大学客員フェローを歴任．／専門はイスラム政治思想．現代の国際社会においてイスラム教が政治的な集合行動をもたらす過程を，理論的にまた歴史的に研究する．イスラム諸学の体系を包括的にテキスト分析するとともに，映像メディアや電子メディア上におけるムスリム公共圏の形成を，思想史，政治学，社会理論の諸アプローチを併用して分析する．／著書に『現代アラブの社会思想――終末論とイスラーム主義』（講談社現代新書），『書物の運命』（文藝春秋），『イスラーム世界の論じ方』（中央公論新社），『中東　危機の震源を読む』（新潮選書），『イスラーム国の衝撃』（文春新書），『サイクス＝ピコ協定　百年の呪縛』（新潮選書），『シーア派とスンニ派』（新潮選書）など．／2002年第2回大佛次郎論壇賞，2006年第5回毎日書評賞，2009年第31回サントリー学芸賞，2015年第69回毎日出版文化賞・特別賞，2016年第12回中曽根康弘賞・優秀賞を受賞．

現代の国際社会におけるイスラム圏の政治思想を研究する俊英。
思想史、政治学、社会理論の諸アプローチを駆使した分析は高く評価されており、
その著作が大佛次郎論壇賞、サントリー学芸賞などを受賞している。
これまでの枠にとらわれない柔軟な思考の原点には、いったい何があるのか。

人々の動きを大きな枠組みで決定づけるのが思想であり、理論である

まず、イスラム世界に興味を持たれるようになったきっかけは何だったのでしょうか。

世界中であらゆる人にそれを聞かれます。日本では、そんな「つぶしの利かない」ことをなぜ選んだのか、と。外国に行くと、イスラム教徒もいない、中東から遠い東アジアの人間がなぜイスラム教や中東に興味をもったのか、問われます。答えはじめると長い話になりますが、直接的なきっかけでいえば、若い頃に湾岸戦争[1]などがあって、さまざまな専門家とされ

1　湾岸戦争…一九九〇年八月にイラクがクウェートに侵攻したのを機に、国際連合が多国籍軍の派遣を決定し、一九九一年一月にイラク空爆で開始された戦争。米軍を主力とする多国籍軍の圧倒的優位のうちに推移、同年二月末に停戦が成立。

る人々による説明に納得がいかなったということがあると思います。東大では大学三年に進学する際に学部・学科を選ぶのですが、そのときに、中東やイスラム世界を自分ならもっとうまく解明できる、という若さゆえの無謀な勘違いもあって、イスラム学というその当時非常にマイナーに思われていた分野を選びました。

ただ、唐突にそうしたのではなく、前提があって、いずれは文章を書いて世の中に発表して生活するということを生業とするのではという予感というか確信が大学入学前からありましたので、そのためにどのテーマを選ぶかという、職業の選択のような就職活動のような意識で一・二年の教養課程のときは各分野を物色していました。長い期間付き合っていって飽きない分野は何かを考えるというのがそこでの課題でしたから、これからは中国だろうか、やはり欧米だろうか、あるいはもっと技術的な分野の方が向いているか、などかなり模索しました。その結果として、イスラム世界では今後何かがあるに違いない、ここに鉱脈がありそうだ、と直感的に感じて、まず言語と宗教から学んでいかなければ、と考えてイスラム学を選んだことを覚えています。

その意味で、非常に理詰めで、また戦略的な選択でした。イスラム諸国に行ってみて文化や食べ物が気に入ったとか、その土地の人を好きになったとか、そういったロマンティックなきっかけはありません、と説明すると特に外国の方には理解してもらえます。

模索しながら、イスラム世界へと関心を絞っていった過程で影響を受けたのは、むしろイスラム世界の外にありました。大学に入った一九九〇年代前半には、アメリカの思想がダイナミックに動いていました。東西冷戦構造が崩壊して、新たな国際秩序が形成されていく中で、国際社会と国際政治の今後の展開を思想的・哲学的に理論化しようとする人たちが出てきました。代表的なのが『歴史の終わり』を書いたフランシス・フクヤマ[2]であり、『文明の衝突』のサミュエル・ハンティントン[3]でした。これらの世界的ベストセラーになった著書は、まず英語圏の専門誌に刺激的な論稿として発表されて世界中で議論を呼び覚まし、それらの反応を取り込んで浩瀚な著書に仕立て上げられるというプロセスを踏んでいました。フクヤマの歴史の終焉論は一九八九年に雑誌『ナショナル・インタレスト』に発表され、単行本は九二年に出版。ハンチントンの文明の衝突論は九三年に『フォーリン・アフェアーズ』に掲載され、九六年の著書となりました。私は九二年に大学に入っていますが、一生をかけて付き合っていけるテーマを求めていた高校から大学学部生の頃に、現実世界と向き合って壮大な仮説を提唱する思想家たちが同時代にいたことは非常に刺激になりました。大学の教養課程では『歴史の終わり』の単行本を読むゼミに出ましたし、思想史の先生方や大学院生の研究会に潜り込んで、ハンチントンがこんな論文を出したんだ、これは論争になるぞ、と

2　フランシス・フクヤマ…一九五二年—。アメリカの政治学者。著書に『歴史の終わり』など。
3　サミュエル・ハンティントン…一九二七—二〇〇八年。アメリカの国際政治学者。著書に『第三の波——20世紀後半の民主化』『文明の衝突』など。

噂しながらやり取りしているコピーを一枚もらってドキドキして読んだ記憶があります。

九〇年代前半のこれらの議論は、大学の研究にありがちな、精密だが全体状況があまり見えてこない思想研究とは様相を異にしていました。冷戦構造が崩壊して世界が変わる、あるいはすでに変わっている、その状況をどう把握するのか、将来をどう見通すのか、というアクチュアルな課題に取り組んだものでした。それは国際社会を理念で把握しようとする欲求、あるいはそもそも世界史の進展を理念の発展として捉えるという考え方からきています。

思想、そして思想研究はともすれば現実離れしたものと見られかねませんが、実際には、きわめて現実的で、そして国際社会で先を見通して生きていくには有効な学問です。世界を認識する既存の枠組みが揺らいだとき、思想は活性化します。九〇年代前半はまさにそのような時代で、今後の国際秩序をどう理念的に意味づけるか、理念的な問題がどう現実化する可能性があるのか、論争が繰り広げられていました。

この論争は、単に哲学的な知識をひけらかすとか、細かな解釈での正確さを競うなどと言うものではありません。世界全体の流れが、今後どういう方向に行くのかを考え、それを理論化しようとしていた。理論化されるということ、そして論争の結果特定の理論化の方法が支配的になるということは、それによって世界の人たちは規定されてしまうわけです。人々の動きを、細かいレベルではなく非常に大きな枠組みで決定づけるのが思想であり、理論である。もちろん、世界がどういう方向に行くかなどということに正解などないですし、これらの思想家の著作が描いたようにすべてが発展するわけではない。しかし世界に関する有力な答え、つまりよい理論や思想が登場すると、多くの人々がそれに基づいて行動するからそのようになって行く場合があるし、逆にそれに抗うように行動する人々や文化圏など、さまざまな主体が出てくるわけですね。

冷戦後の国際秩序をめぐる大掛かりな思想・理論の論争を見ていると、明らかにそこには謎というか未解明の課題として、あるいは未知の可能性として、イスラム世界が浮かび上がってきた。フクヤマが言うように、世界にはリベラル・デモクラシーの理念が唯一の選択肢となり、あらゆる文化圏がそこに収斂していくように見える中で、イスラム圏は、それに抗して独自の政治や社会や経済を組織し、国際社会に予想外の展開をもたらす理念を持った数少ない主体なのではないかと思えてきました。イスラム教の理念が素晴らしい、と思ったわけではないのです。もしイスラム教の理念が、リベラル・デモクラシーに収斂していく世界の中で独自性を保っていけるのであれば、それは非常に興味深い。もしそうでなくて、イスラム世界もまた、紆余曲折を経てであってもリベラル・デモクラシーへと合流するのであれば、その過程を研究していれば、巨大な世界史的変化を目撃することになる。いずれの方向に進むにせよ、イスラム世界と関わっていくことには無限の可能性がある。

ヨーロッパの国々やアメリカと比べて、イスラム世界は日常生活からは遠い世界ですよね。多くの日本人にとって、アラブ諸国はやはり抽象的なイメージであるのが普通ではないでしょうか。

私自身は、ちょっと家庭環境が特殊なところがあって、そこから複雑な経緯でイスラム研究に行き着いた事情があります。まず生まれ育った家にテレビというものがなかった。いまでこそ、テレビも置かない、新聞もとらない、自分の好きな情報だけをインターネットから取り入れる、という生活が可能になりましたが、当時はテレビがいわば「国民共通の話題」を設定していた。父が文章を書く人間で、そういったテレビを介した情報を拒否していたのですね。その代わりに、家には膨大な書物が溢れ、しかも新刊本や雑誌が次々に届く。父の仕事の都合で入ってくるのはヨーロッパ関係の情報が多かった。そこで私としてはヨーロッパのさらに向こう側を見たいという欲求がじわじわと湧いてきた。それがイスラム世界だったんです。父はオーストリアを特に専門にしていましたが、ヨーロッパから見ると、ウィーンの城壁までオスマン帝国が押し寄せて辛うじてそこで止まったわけですから、その先はオリエント世界。私はヨーロッパに関しては特に勉強したわけではないけれど、生活環境で馴染んでしまっていてあまり積極的に興味が湧かない。ただ、どうもヨーロッパ人はその向こう側にイスラム世界があると考えているんだなと、なんとなく気づいて、その先を見たくなった。

とはいえ、大学へ入るまではアラブ諸国や中東、イスラム諸国にも行ったことがありませんでした。大学生になってトルコやエジプトやモロッコなどに行ってみた。修士課程ではもっと頻繁に行くようになって、博士課程ではほとんど東大の授業は出ずに現地と行ったり来たりしていた。一番入国しやすく、長期滞在しやすいのはエジプトでした。日本の大学には現代のアラビア語の文献はほとんど入っていないので、自分で集めないといけない。旅行で行ってちょっとずつ送るなどと言うのはまだるっこしいので、カイロにアパートを借りっぱなしにして、そこに大量に買い付けた本を集め、定期的に引っ越し貨物として日本に送る。そうでもしないと資料は集まらない。とりあえず本屋の棚にある関係ありそうな本を全部買って、カイロのアパートを前方展開基地のようにしてそこで使えそうなものを選り分けて、引っ越し貨物でコンテナに入れてもらって送るという生活でした。といっても途上国ですから、当時はそんなにお金はかからなかったのですよ。アパートを借り切ると言っても、毎回来てホテルに泊まったり短期で借りるよりずっと安いし使い勝手がいい。日本人がこない庶民街の感覚も分かるようになりましたし。

アラビア語を始められたのはいつからですか。

言葉は大学一、二年の頃から始めて、それ以来いまでもひたすら頑張って読んでいるという状態です。アラビア語は辞書を引けるようになるまで二年くらいかかります。最初は気が狂いそうになります。なぜかというと、まともなアラビア語―日本語辞書がなかったからです。そのため、アラビア語―英語の辞典を使いこなさなければならなかった。それなら英語ができる必要がある。それから、説明しにくいですが、アラビア語は動詞の活用だけではなく、名詞も複数形でかなり大きく変化するんです。ですから、名詞すらも、知らない単語が出てくると、そう簡単に辞書を引けない。名詞を見て、文法から判断してこの語はこれとこれとこれの三つの子音から成り立つのではないか、と推測できるようになって初めて辞書が引ける。辞書は単語の頭から引けばいいのではなく、単語を構成する三つの子音を文法から推測できるようにならないと引けない。つまり、文法が全部頭に入るまで辞書が引けないんですね。

しかし普通は、文法が分かるようになるためには、単語を覚えないとなりませんよね。文法を覚えるためには文例を多く知っておく必要がある。しかし単語を知っていないと文例が理解できない。文例を理解するためには分からない単語を辞書で引かねばならない。しかし文法が分からないから、それが引けないという堂々めぐりです。最初の数年間は苦悶の日々でした。

そうなると、アラビア語を学ぶ人には脱落者が多いでしょうね。

すごい脱落者の数ですよ、東大ではアラビア語の初級の授業には五〇人くらい来るのではないでしょうか。それが週ごとに脱落していって、最後は二人になる、といった具合です。教材が当時はまったくと言っていいほどなかったので、レバノンで大昔に出版された教材が東大でも東京外大でも使われていました（当時は東京外大の先生が非常勤で来ていたのです）。あまりにも古色蒼然とした内容の例文が並んでいるだけで、解答もないから、自分の読みがあっているのかどうかも分からない。先生も鷹揚に構えていてあんまり教えてくれない。そこでどうしたかと言うと、小説の原文と英訳を対照させて大量に読みました。アラブ文学というと日本ではなじみが薄いでしょうが、英訳はずいぶんたくさんあるんですね。それで英語訳とアラビア語の原文を対照しながら「あ、なるほど、こういう意味なのね」「こういう意味だということは、文法的にはこうなんだ」と逆算して理解していく。そうすると辞書も引けるようになる。アラビア語の文法学というのはそもそも、すでに小さいころにコーランを暗記して、意味が分かる分からないに関係なく文例が頭に叩き込まれている人たちを対象に作ってありますから、まったくアラビア語圏で育ったことがない人が文法から学んで語彙を増やしていくという、欧米語を学ぶときのような勉強法には無理があるのではないかと思います。

しかしまあそうはいっても、最近はインターネットでアラブ世界のテレビも見ることができるし、政治や社会に関する論説や新聞記事がリアルタイムに英訳されていますので、初学者は格段に学びやすくなったと思います。私のやり方をいまのテクノロジーや情報空間で応用してくれれば、これから学ぶ人はすごく速く、高度なアラビア語を理解するようになると思います。いずれにせよ努力は必要ですけどね。

当時はきっちりした英訳があるのは小説だけだったので、アラビア語の勉強の必要性から読んでいたのですが、おかげでアラブ文化や社会の様相も感じ取れるようになってきました。思想史や政治学に移っていく際に、ベースとして語学・文学をやっておいたことはよかったと思います。

イスラム教は、神が世界や人間を造り、いつかは終わらせるというシンプルな理論です

ご興味はアラビア語そのものではなく、イスラムの政治や思想にあったのでしょう。それは現代のもの、それとも古代のものですか。

最終的には現代のものを読むのですが、まずは古いものを読まなければなりません。イスラム世界は七世紀に成立した、歴史的には新しい文明圏ですから、西洋世界の古代に相当する時代はなく、古い時代といっても中世からなのですが、そのときに書かれた原初的なテキストを知る必要があります。現代でも宗教的な政治思想はすべて、そこに立ち返りながら議論をしますから。

イスラム思想においては、新しいこと、オリジナリティ、そういったものは重要とみなされない。近代社会に生きるわれわれは、個人の創造性が社会を発展させるという前提を無意識に身に付けている。そこから著作権とかも成立するのです。大学でレポートを書くときも人のものを遷してはいけません、ということになっている。

イスラム世界でも新しい物事は日々に創造されていきますし、オリジナリティは実際には社会の中で重要なのですが、しかし宗教的な思想家はオリジナリティを主張するかたちでは文章を書きません。なぜかと言えば、「正しいものはすでにすべて啓示で示されている」という大前提があるからです。また、先達が合意した有力な解釈が積み重ねられてきている。ある問題に関して、啓示そのものですでに示された真理や、イスラム世界の知の共同体が合意してきた真理がある場合は、それを参照し引用する方がいい。それらでどうしても十分でない場合は「何か加える」という考え方です。現在もイスラム世界の思想家たちは活発にものを考えていますが、まったくオリジナルなことを考えるよりは、すでに明らかにされた真

実を確認し守り伝え、人間の側の理解不足によってこれまでに言い足りていないことがあればそれを加えるためにやっていると言えます。そのさいに何が優れた議論かを測るものさしは、新しいことを言ったからではなく、むしろ新しい状況に対して古く適切な典拠に帰って、その状況を説明しているかということなのです。

ムハンマド[4]は元が商人で隊商交易にも参加していたそうですね。キリスト教やヘブライ文化に触れたことはあるのでしょうか。そのうえで、唯一神の啓示を受けたのですね。

ムハンマドがキリスト教やヘブライ文化といったものをきちんと勉強したことはないと思いますが、ぼんやりと知っていたことは確かです。コーランの中にはマリアの名も出てきますから。その頃のアラビア半島は帝国の中心ではなく周辺部だったので、そういった知識が体系的に及んでいないのは当然なんです。文字を読めない、書けない人は多かったわけで、ムハンマドもそうだったとされています。言葉は直接口頭で伝えられていた。そこで力を持っていたのは詩です。詩が誦まれ、聞かれ、記憶されて広まっていくことで、人々の心を揺

4　ムハンマド…五七〇頃—六三二年。イスラム教の創始者。メッカに生まれ、神アッラーの啓示を受けて伝道を始める。イスラム教団発展の基礎を確立。六二二年のメディナへの聖遷（ヒジュラ）で教団国家の支配者となった後、六三〇年メッカ征服、勢力はアラビア半島全域に広まった。

り動かし、動員した。コーランもそういう伝統の流れにあるのです。

詩にもいろいろな種類があって、人々の感情を奮い立たせるような詩とか、部族の来歴を語るような詩とかさまざまです。人々はそれらを口承で伝え合うことで精神的な支えとしたり、共同体を結ぶ紐帯としたり、場合によってはニュースのような情報を伝える手段として利用したんですね。そうしたたくさんの詩の中で、コーランは神懸かった詩であり、神から直接受けた啓示の言葉として、ある種傑出したものとなっていきます。アラブ人にとってコーランは、他のどの詩よりもインスピレーションを与えるものなんですね。

神からの啓示は数多くの回数に分けてムハンマドに下されたとされている。そしてそれらの断片的な章句をまとめて分類するとだいたい初期・中期・後期くらいに分けることができます。初期の段階は終末論的なものが中心で、それにおける来世観によって恐怖心を抱かせ、人々を心の奥からつかむような内容になっています。

日本人にとって、イスラム教徒とは終末論を本気で信じている人たちだという事実を受け入れられない。キリスト教徒にしても同様です。日本人と精神的にすごくかけ離れていると思ってしまう。とはいえ、日本人が「自分の宗教はありません」と言うと、「神様がいなかったら、どうやってこの世界はできたの？」と聞いてくる。そして、その問いに上手く答えられないんですね。

一神教というのは、この地球も含めた宇宙と人間を本当に造ったのは神であると考えます。一方、日本の宗教は、そういうことを問わないですね。むしろ問わないことが宗教なんだという感覚すらあるのではないでしょうか。それを一神教を信じる人たちに対して説明するのは、まさに根本的に無理があるのです。どうしても行き止まりになってしまう。

一神教に合わせて説明するという方法もあります。日本のカミやホトケに関する信仰を、それらが究極の存在のさまざまな現れ方だ、と説明するとかそういったやり方ですね。しかしそのような説明をすると、日本人の信じる宗教というのは要するに一神教ではないか、単に一神教だということをまだ分かっていないだけではないかという具合に受け止められてしまいます。ユダヤ教やイスラム教は、キリスト教よりも単純で、神が世界や人間を造り、いつかは神が終わらせるという非常にシンプルな理論です。それは信者にとってはいわば「物理法則」なんですね。その物理法則をまともな知性をもっていれば理解できないわけがないと考えますから、違う説明の仕方があるなどと言ってもその必要性を認めてくれないのです。世界の始まりと終わり、人間の起源と終末というものに対して、彼らは理論的な信念をもっているんです。

イスラム教徒にとってコーランはあらゆる問題に対する「解答集」です

そうすると、イスラム教と科学との折り合いはどのようになるのですか。現代はある意味で科学の時代であり、科学はキリスト教とも相性が悪いですね。キリスト教にも神のもとに「創世記」や終末論があって、逆に進歩や進化という概念はないわけです。

ヨーロッパはルネサンス期にギリシャ文化、特にアリストテレスを知ったのですが、彼は世界に始まりも終わりもないと言っている。そこで両者の折り合いをつけようと知識人たちがいろいろ主張したことが科学の発展につながったようです。そして、一九世紀になってダーウィンに代表される進化という概念が出てきた。ただ、今日までの長い間、キリスト教は科学と上手くやってきています。イスラムの世界では、このあたりの折り合いのつけ方はどうなっているのでしょう。そもそも学校で進化論などを教えるのですか。

イスラムの世界に進化論が入ってきたのは比較的最近のことで、それほど反発を受けませんでした。欧米から近代科学の成果としての軍事力や経済力、そして魅力的な文化力とともに、進化論は入ってきたからです。それらを受け入れないと欧米に対抗できないという発想、つまり科学の力によって支配されることへの危機感が大きかったのだと思います。そういう政治的な関心から、科学にはなるべく反対せず、受け入れようとする議論を近代のイスラム教の学者たちはしてきました。

イスラム教の宗教界が進化論に反対して、科学の受容を妨げるような政治的な機会はほとんどありませんでした。むしろ政治支配者に協調して、積極的に近代科学を取り入れるように民を教導する役割を負う宗教指導者が多く現れました。ただし、原理的に突き詰めていけばイスラム教と進化論には矛盾する面があるかもしれませんが、結果的にほとんど問題として表面化しなかったということです。

異質なものを受け入れることに対しては、キリスト教の方が頑なかもしれないですね。特にカソリック教会は強い拒否反応を示します。そのうえ、現在のアメリカはプロテスタントが中心であるにもかかわらず、学校の中には相変わらず「地球は丸い」を教えないところがあるとか、進化論を教えないところがあると言われます。リチャード・ドーキンス[5]が *The God Delusion* を書いて、アメリカでは大きな議論が巻き起こったわけですが、イスラム世

5　リチャード・ドーキンス…一九四一年—。イギリスの進化生物学者。著書に『利己的な遺伝子』など。*The God Delusion*（2006）は『神は妄想である——宗教との決別』として訳されている。

界では、あのような「認める」「認めない」の議論は起こらないのですか。

あまりないですね。その理由の一つは、宗教があまりにも強いからだと思います。神がすべてを創造したという観念が強固なので、進化論についても人間が頑張ってそういう説明をしたのであれば、「神がもともとそうなるように創ったんでしょう」と簡単に説明してしまう。イスラム教徒にとってはコーランはあらゆる問題に対する「解答集」ですから、人間が進化についてそういう発見をした場合、それならコーランにも書いてあるはずだ、となる。

それに対してカソリックは神学のレベルで非常に頑固ですね。宗教と政治を分離することで、神学を担う宗教者の立場を決して譲りません。イスラムでは宗教と政治は近接しているので、宗教者が政治的判断をごく日常の業務としてやってしまいます。じゃあイスラム教の宗教者に原則がないのかというと、ある。神の絶対性についての信念は全く揺るがず、その神が啓示によって真理つまりコーランを人間に与えた、ということについてはまったく疑いを入れる余地がない。そこから、コーランのここに書いてあるという論法を用いている限り、宗教者が政治的判断をしたとしても、宗教そのものは揺るがされることはないのです。進化論だって、神は自分たちに教えてくれていたのだから、何ら新しいことではないと解釈するわけです。

しかし、そう考えていると批判精神が育たないのではないかという批判は本来はあってもいいはずです。戦争に負けないために仕方なく西洋近代の文物を受け入れたうえで、コーランのここに書いてあるから問題ない、と繰り返しているだけでは、創造性が育たないのではないかという批判は外からはあるんですが、内側ではあまり表面化しない。とにかくいまは近代科学を受け入れるしかない、という発想があることと神への信仰は両立する。神は近代科学のすべてを啓示していたのだから、いっそう正しいということになる。イスラム教と科学は何の葛藤もなく両立して、互いにその正しさを裏打ちする関係になっています。

ヨーロッパにおけるルネサンスは、ギリシャの古典的な知から直接つながっているのではない。ギリシャの文化遺産は一度アラブ世界を経由している。つまり、ギリシャ語からアラビア語へ、そしてラテン語へと翻訳されてヨーロッパに伝達されたわけです。それには、九世紀にバグダードに設立された「知恵の館」[6]などの役割が大きいそうですね。イスラム教のような宗教のもとでアリストテレスが翻訳されたということは、その説はどのように受け入れられたのでしょうか。

それは、いまでも続く大問題ですね。アリストテレス的な合理主義と、キリスト教やイス

6　知恵の館…八三〇年、アッバース朝の第七代カリフのマームーンが設立した図書館。当時、ギリシャ語の学術文献をアラビア語に翻訳するための活動拠点だった。

ラム教といった宗教の啓示による真理は、必然的に衝突します。イスラム諸国でも、キリスト教とはやや違う経緯をたどってぶつかったんです。

「知恵の館」について言えば、それは時の政治権力者が開設したものです。そもそもイスラム教の宗教者たちは、コーランの一字一句をどう読んでいくかを探究するうえでさまざまな資料を収集し、その方向でコーラン解釈学を打ち立てていた。コーランの章句を解釈するために、それらがどういう状況で啓示されたかをムハンマドとその弟子たちの事績を体系化する歴史学が成立していたんです。歴史学の目的は、歴史に現れた人間本性を知りたいというのではなく、あくまでも神の啓示を正確に解釈するための補助です。この章句が啓示されたのはこのような歴史的状況に対してこのような目的において啓示されたのである、ということを正確に論証するためですね。そうした中に、権力者が「知恵の館」を作ってヘレニズムを持ち込み、人間の理性によって真理を探究するという別の原則を持ち込んだのです。当然、葛藤が起こります。

イスラム教の学問体系を護持する宗教者たちはどう対応したかというと、一方で自分たちの根拠とする啓示に端を発する真理を理論化するために、論理学など多くを使って理論武装しました。その意味でヘレニズムを受け入れた。ただし、根本の部分では「世界に始めも終わりもない」という考え方はおかしいのであって、「神が世界を造り、いずれ終わらせる」という観念を死守したうえで、必要な部分だけ受容していくことになります。ですから、形而上学の根底となる面は拒否しました。

異なる根拠に基づく、異なる真理の間の対立と調和を最もよく表しているのは、アリストテレスの注釈家であるイブン・ルシュド[7]の「二重真理説」でしょう。真理にはいわば宗教的な啓典の真理と、哲学的な理性の真理の両方があるという主張です。真理が何であるかを説明するときは、一般大衆にはコーランにこう書かれている、と教えればよい。それ自体、啓示という絶対的基準に拠っているので実際に正しい。ただし一部のエリートは哲学的な理性によって真理に到達できる。ただしそれは一般大衆には分からないし教える必要もない。結論はいずれにしても同じなのだから、という。

そのようにして中世のアラブ世界は大翻訳時代を経ることで、科学において西洋諸国より先んじていたんです。では、なぜいわゆる近代科学や近代産業の発展につながっていかなかったのか。これは大きな謎ですが、イスラム世界では中世の翻訳による理論科学が、実験科学に移行していかなかったというのが大きな理由だと思います。そこには、「宗教」と「政治」が癒着していたことから、宗教と密接に結びついた「科学」もまた「政治」と癒着して利用されていった歴史があるんですね。

宗教と政治がもともと分離せずにつながっているから、宗教界と国家の間に真理をめぐる

7 イブン・ルシュド…一一二六―九八年。コルドバ生まれの哲学者。アリストテレス哲学の注釈を通じてイスラム教の信仰とギリシャ哲学との調和をはかった。ラテン語名はアベロエス。

争いは起こらなかった。そこから、実験によって本当にどちらが正しいかを確かめようという機運も起こらなかったわけです。真理は神から下されたものがあって、国家もそれに反対していないから、論争にはなりません。それをどのように適用するかで政治判断が介在することになるのですが、政治支配者も宗教者も互いに妥協するという形で上手く折り合いをつけてしまったんですね。真理の根本的な基礎をめぐる葛藤がないがゆえに、実験科学など持ち込む必要がなく、気がついたら遅れてしまったという見方もできると思います。

「アラブの春」では人々が権利を求めた。これは当たり前のようでいて重要です

それでは、イスラム世界にはどのような葛藤があるのですか。

政治共同体のあり方をめぐる政治的な葛藤です。「ウンマ」[8]という概念にあるように、神がいてコーランにより真理が下され、それに基づいて義務を果たし生きている人間の集団がある。そこには国境も民族も関係がない。これが理念としてのイスラム教徒で、この理念を疑うイスラム教徒はほとんどいないでしょう。本当なら世界大の政治共同体が成立するべき

なのに、そうはなっていない。現実には主権国家ごとに分かれてそれぞれの国でイスラム教に即さない統治が行われている。なぜなのか、そんなことはありえないはずなのに、と。

真理は厳然としてあって、誰もが理解できるはずなのに、それが広がらないような国際社会の制度や法律がある。そのことが、イスラム教の理念を真っ向から受け止める人にとっては、理屈に合わないのです。そしてイスラム教の理念に従って生きていきたい自分たちが政治的に弱いということは、それは不法な状態であり、近代の国際秩序や主権国家内部の政治的・法的秩序によって、不法な状態が合法であるかのように扱われている世界があるというわけで、そこに政治的な葛藤が生じてくるのです。真理については争っていません。なぜなら、神によって啓示された以上自明と考えているから。現代において意識するのは超大国アメリカです。イスラムは人類全体に真理がもたらされたと考えますから、その時々の超大国と対抗関係になってしまうのです。

それが、私が最初に直観的に感じたものだと思います。つまり、イスラム世界を研究してみようと思った理由です。経済的な成長や国際競争とは別のところで、真理が自分たちの側にあると信じる集団がある。彼らは、真理とはパワーを伴うもので、パワーが別のところにあるという状態があり得ないと考えている。多くの文化圏は、自分たちより力の強い国が存

8　ウンマ……イスラム共同体。イスラム教の信仰によって結合しているもの。現代アラビア語でも民族、国家などを意味する。

在することを問題視しませんよね。しかしイスラム諸国は、そうした強靭な国家、科学や文化が進んだ国家に実際に行って住んでみてさまざまに勉強するのだけれど、あくまでも真理は自分たちの側にあると譲らない。そこで感覚が分裂するのです。これが、カソリックとプロテスタントの間の真理の所在をめぐる闘争とは違う方向性を持った、イスラム教徒の政治的な葛藤ということです。

一方で、アメリカの側にもわけが分からないという感覚がありますね。物質的に豊かになって中産階級が育っていけば、皆が同じような価値観や生活感覚を共有するようになるから、世界はだんだん分かり合って、平和で穏やかになる。これがアメリカの基本的な思想です。

ところが、9・11の後、イスラム世界の中産階級はアメリカ人の思っているようにはならないことが明白になりました。イスラム世界では中産階級が原理主義者になぜなるのか、そして原理主義者とはいったい何なのかと説明がつかない。

傍から見ていると、イスラム教徒が半ズボンを履いてバスケットボールをやっていると、何となく中産階級で考え方も似た仲間だなとアメリカ人は考えてしまうようなのですが、それほど単純ではありません。9・11によって、世界には想像できない多様性があることをアメリカ人は思い知らされたと言えます。

そこから、二〇一一年の「アラブの春」[9]の現象をどう解釈するかという問題も出てくるんですね。あれは9・11で頂点に達するような、イスラム教の固有の理念の絶対性・普遍性を主張する方向性からの、揺り戻しという面があったと私は考えています。「アラブの春」では人々が何よりも権利を求めた。これは当たり前のようでいて重要です。

イスラム教というのは義務のことばかり言うんです。神による啓示という命令に、人間は従うことが義務です。啓示によって示される法は、人間が神にどう従うかのルールを示したもので、コーランはルールブックのような形式になっている。そこには人間の権利という概念は原理的にはありません。むろん、人間どうしが社会を作って生きていくうえでの個々人の権利はあるのでしょうが、それは副次的なものです。第一は神への義務ですからね。

ところが、二〇一一年にアラブ世界で起こったのは、人間どうしの権利というものを主たる課題として、人々があれだけ感情を露わにして、実際に行動したということです。ちょうど一〇年前の二〇〇一年には、世界の均質化とグローバル化の潮流の中で、西洋とは全く違う価値観を打ち出す人たちが現れた。いわばハンチントン的な文明の衝突の方向に大きくぶ

9 アラブの春…二〇一〇年一二月にチュニジアで起きた民主化運動（ジャスミン革命）を発端として、北アフリカ、中東のアラブ諸国に波及した民主化要求運動。二〇一一年一月にはエジプトで大規模なデモが発生し、長期政権を維持してきたムバラク大統領が辞任。二月にはリビアで反政府デモが起こり、武力衝突の末にカダフィ政権が崩壊した。アルジェリア、イエメン、サウジアラビア、ヨルダン、シリアなど多数のアラブ諸国で政府に対する抗議活動が連鎖的に発生した。

れたのですが、それに対して二〇一一年にはフクヤマ的なリベラル・デモクラシーへの収斂という方向性に、逆方向に力が働いたのだと思います。

そうやって人々が権利を求めて政治参加をするようになり、チュニジアやエジプトではあれだけの数の人々が意思表明をして異議申し立てをする。結果として政権が揺らいで、政治的に自由な空間が生まれた。

ただ、実際に自由な選挙をしてみると、勝ったのはやはりイスラム主義者でした。欧米的な人権を第一に掲げる人々は社会の一割から二割程度しかおらず、その他の人々にとっては、第一に守るべき規範は依然としてイスラム教です。宗教を掲げた政党が許されればやはり一番多く票を取ることになる。そこから、エジプトのように、エリート層が軍を使ってムスリム同胞団を排除し、政治的自由を制限しようとする動きも出てきている。

二〇一一年の出来事は何をもたらしたのでしょうか。

どのような混乱があっても、民主的な代議制を価値とする方向への転換が行われていることは共通しています。宗教信仰は変わらなくても、政策モデルや体制に関しては欧米的な民主主義のやり方をかなり取り入れる方向にいくと思います。

イスラム教の観点からは、代議制は問題を含んでいます。議会は法を作る場所。しかしイ

スラム教では法とは神が啓示で下し、人間はそれを受け入れるだけとされる。議会が作る「人定法」は、神の下した「啓示法」に反する、とイスラム主義者は主張してきた。しかし彼らもまた、自由な選挙で議会を作れるようになると、政党を作って選挙に参加した。イスラム教の価値を実現するためにも、選挙で民意を得なければならない。これはきわめて大きな変化です。今後は代議制政治の中でどのようなイスラム的価値を取り入れるかが政治の一つの課題となる。それに対してどのように対処していくのかというのが問題です。一度決めたらこれはイスラムの規範だから二度と変わらないといった状況になるのか、その場合は代議制政治を内側から崩していくことになる。それとも両立するのか。そのさいの主体も重要です。宗教規範に基づく法なのだから宗教法学者に権限があるのか、議会で選挙で勝った普通の人がイスラム法を解釈して立法化してしまっていいのか。

イランでは宗教者が政治的な決定を行っていますよね。その辺りはどうなのでしょうか。

イランのシーア派では、宗教者の階梯（ヒエラルヒー）が強固にあり、経済基盤も強くて、政治的な主体となるための組織や制度が整っている。宗教者の階梯が曖昧で、宗教者が政治権力者に依存・従属することが常態となっているスンナ派のエジプトやチュニジアでは同じような展開は考えにくいです。ですから、より宗教的な体制を望む人々は、宗教機構や宗教的権威者の力を強める努力をするか、あるいは選挙で勝って議会に進出してそこでイスラム法を導入するか、といった手順を踏まなければなりません。

選挙に勝った人がイスラム法を施行していく、という場合も、恒久的にイスラム体制を作るということはスンナ派では難しいでしょう。現実問題として、イランのシーア派のような宗教者の階梯をスンナ派の人たちも導入して、宗教者が三権のさらに上に立つイラン型の政治体制を作れるとは考えられません。過去にそういうことは一度もありませんでした。そうなるとしたら、イスラムの歴史は大きく変わることになりますね。

結局は、エジプトやチュニジアでは宗教者は時の政治権力者に対して、「従」の立場なのです。「主」は政治権力者が握る。現在でいえば、議会が「主」の立場です。議会では公正に選挙をやればイスラム主義が優勢でしょう。それに対してリベラル派は数では勝てない。しかし国際的な発信力もあり、代議制の推進に果たした役割から一定の正統性があり、彼らが二〇一一年の革命を実際に牽引した。そういう中でイスラム教による神権政治はちょっとあり得ないです。エジプトの二〇一三年のように、ムスリム同胞団が勝ちすぎると、リベラル派が軍と結託して選挙の結果をひっくり返すような動きも出てくるわけです。

イスラム世界とどう関わっていくか。そのための仕組みは考えるべきだ

「技術」と「科学」の関係は、かつては経験的な知としての技術がまずあって、その現象を理論的に説明する科学が後から来るという順番でした。ところが、それが逆になったのが生命科学です。ＤＮＡの中に遺伝子情報が書き込まれているという科学的な発見から、遺伝子組み換えという技術が可能となりました。遺伝子組み換え作物によって、生産性が向上しました。日本人の中には、こうした経験的なよりどころがないものに対して、気持ち悪さ、不安を感じる人もいます。イスラム諸国では、どのように考えられているのでしょうか。

遺伝子組み換え問題については、イスラム諸国にも拒否感がありますが、それは日本人の拒否感とは異なる性質のものです。日本人は自然に対する畏れのようなものを抱いていますね。自然の随所に神々が宿っている、その自然に手を加えることに対する拒否感があるのだと思います。

ところが、イスラム諸国の場合は、遺伝子組み換え作物について、生殖能力が落ちるとい

う端的な思い込みから拒否反応を示しているのが面白いところです。それで強い反対が出ている。文化圏によって感覚的反応は異なりますね。

もう一つには、原子力の例があります。相対性理論により$E=mc^2$が与えられ、それを技術的に可能にするという形で原子力エネルギーが開発された。同じように、原発に対する恐怖や拒絶は、その分からなさによる不安の部分も大きいと思います。イランの核開発など、たいへん興味深く見ているのですが。

原子力についても、近現代のイスラム教の宗教者が問題視しているわけではありません。進化論と同様です。問題になるのは、原子力が国際政治におけるパワーの源泉の一つになっていて、それがイスラム世界と異教徒の世界との力関係に大いに影響を与えていること。原子力を持たないと原子力を持つ欧米に支配されるので、自分たちも手に入れるべきだという考えが宗教的に正当化されやすい。宗教観として原子力をどう見ているのかとなると、いまのところは反対論はほとんどないですね。自然を不可逆的にある方向にしてしまうという感覚はなく、その点では日本人に比べて「自然」という感覚が弱いのでしょう。自然も人間も、同じように神が造ったものですからね。人間と自然の共存関係の中で、これを踏み越えると人間も生きていけなくなるし、自然も戻ってこないといった感覚はあまりないわけです。

イスラム教の特徴として政教一致があります。信仰の共同体と政治的な国家が同一であるとする考えです。そうすると、国内人口の一割にイスラム教徒を抱えているフランスがライシテ（政教分離原則）を言うとどうなるのでしょうか。

イスラム教徒が多数派の国では、政教分離が公然と支持され実施されることは近い将来にはあり得ないと思います。ただ、個人的にはフランスには断固として政教分離を主張して欲しいですね。それによって、なし崩しに宗教が公的領域に入り込んで個人の精神的自由が制約されるイスラム世界と対峙していってくれないと、地球規模の視野で見た場合、文化や価値をめぐる多様性がなくなってしまいます。宗教というものは人間に不自由を強いるものです。自主的に不自由を受け入れる人たちがいてもいいけれども、「宗教の自由を認めろ」と世界中でそれを不自由の強制を許すと、端的には自由な空間が減ってしまう。

イスラム教の規範からは、異教徒との平等な共存ということは正当化できず、あくまでもイスラム教徒の側が政治的に支配し、価値の面でも優越性・絶対性を認めさせたうえで共存するという考え方です。イスラム教からの改宗は許さないけれども、キリスト教やユダヤ教からイスラム教への改宗はできる。近代的な宗教間の平等の観念ではない。この点を批判すると、「イスラム教に対する攻撃だ」といった形で非常に強い反発が出ますが、その原因はイスラム教の側に異教徒にも信仰の自由があるということを認める根本的な転換が訪れていないからです。文明間の摩擦の原因は欧米だけにあるわけではない。ただしイスラム世界の側に、異教徒との平等な共存を基本原則とするような転換は近い将来には訪れそうもない。

結論から言えば、当面は、イスラム教徒の側が譲れるものと譲れないものを理解して、イスラム的に触れてはいけないものは問わない、ということだと思います。どちらが上といった権力問題は問わない。問い始めればイスラム教徒側が公的に妥協して「対等」という結論を認めることはまずないからです。ただしイスラム教徒側が、彼らが当然と考える優越意識をイスラム世界の外側に、あるいはイスラム諸国の異教徒に強制する場合は、それは違うよ、と静かに論じられる根拠を持っておくべきでしょう。

こうなると、異教徒間の結婚は難しくないですか。

難しいと言えば難しいし、易しいと言えば易しい。イスラム法学で詳細な規定があって、異教徒間で結婚できる組み合わせとそうでないものが明確に定まっている。イスラム教徒の男性と異教徒の女性は結婚できますが、異教徒の男性とイスラム教徒の女性は結婚できません。これはコーランに基づく規定で、すべての国でこの規範は有効です。結婚したければイスラム教に改宗すればいいので、異教徒間の結婚は容易だ、というのがイスラム教徒側の発想なので、これを問題視する人は皆無と言っていいでしょう。

組織論からいえば、共同体を維持するには最高の方法ですよね。男性が外に行って異教徒の女性を見つけてくれれば、コミュニティが大きくなる。そして子どもは自動的にイスラム教徒になるから時間がたてばさらに拡大する。母親がキリスト教徒でも、イスラム法学の規定で子どもはイスラム教徒になります。ここで「子どもに選ぶ権利を与えよう」などと言い出せば、その瞬間に、ものすごい政治問題に発展してしまうんですね。ですから、そのことを理解して、何も言わないという対処策しか現実的にはありません。

日本人はイスラム教徒と交流が少ないから、こうした理解は難しいですね。どんなに理解したところで違いがあるので、それを前提に自分の立場を定めて折り合いをつけるしかない。イスラム諸国と関係を築くにはそういう立場をどこかで自分なりに見つけるしかない。

よく日本のビジネスマンの方など、このようなイスラム教のあり方とイスラム教徒の認識を「遅れた」もので、「経済発展を阻害する」から、変わらなければならない、変わっていくだろう、と仰る方がいるのですが、日本人の立場でそれを言えることが信じられない。世界の中ではイスラム教徒は厳然としたマジョリティで、しかも一神教の価値観はキリスト教やユダヤ教といった同盟者がいて有力です。それに対して日本の宗教観は非常なマイノリティで、きちんとした価値規範であるとは認められていないとすら言っていい。欧米やイスラム世界の価値観では、日本の方が、「理解不能だが、違いをなるべく問わないことにする」という扱いを受けていることを、経済規模が大きくなった短い時代の間に日本人は忘れてしまったのではないでしょうか。

イスラム教徒の大多数は、宗教の話になれば日本人を同情の目でこちらを見ます。真理を理解できない哀れな人たちということです。しかし、それでも友情は成立し得ると思います。個人としては、個別に関係を培っていけばいい。

ただし、日本という国が世界経済の中で、あるいは主権国家の体系の中で、イスラム世界とどう関わっていくかとなると大問題です。そのための仕組みは考えるべきだと思います。中東は、日本の大企業から見ると小さい市場のように思われがちで、参入が遅れました。中東諸国は大きな国でも人口が七千万人程度。かたや東南アジアには億単位の人がいて、しかも中産階級が増えている。日本との歴史的な関係も深く、異教徒に対して強く宗教を主張してくることもない。イスラム世界を東南アジアを通じて見ていた日本人にとって、中東は勝手が分からない世界でしょう。中東の場合、湾岸産油国などの限られた場所に富が集中しており、そこでは世界の最先端が求められ、世界中から労働者や技術者を集めている。グローバル化の縮図のようになっているのであり、日本人でもそういう場所に関わっていかなければならない状況に、遅まきながらなっているのではないでしょうか。「中東は分かり難い」という方も多いようですが、単にグローバル化に適応できていないということと、中東の宗教や社会の慣習に慣れていないということが混同されている場合もあります。

政治学のほうに越境していこうというのが、いまの考えです。

これまでイスラム研究にたずさわってこられて、何か研究においてスタンスが変わったとか、そういう転換点はありましたか。

一つだけ言うならば、やはり9・11ですね。私の内面的な変化というより、外的な状況が大きく変わりました。外的な状況にも二種類あって、一つは現実を見た議論にも発言の場が与えられるようになったこと。それ以前は「イスラム」なるものにどう日本人好みの夢を託すか、日本人の「心の隙間」を突くのが勝負になっていましたから。いまでも俗論のレベルではそうですが。重大な政策事項として中東やイスラム世界に対処しなければならなくなったので、専門知を求める一定層が出てきた。もう一つは、もっと研究の内容に関わることで、もともと私はイスラム教が国際政治上に大きな影響力を及ぼし、それは一面では紛争要因ともなりうるが、紛争だけでなくさまざまな国際社会の現象に関係していくという予感のもとに研究をしてきました。イスラム教は宗教であり思想であるけれど、それが政治的なエネルギーを秘めていて、現実の政治の問題になるのではないか、そうなれば面白い、というやや投機的な確信を持ってわくわくしながら研究していた。しかし9・11によってそれが非常に不幸な形で現実のものとなってしまった。どことなく予感はしていたが、もちろん予想はしていなかった。それまでは、イスラム教は宗教として非常に強く政治と結びついていると頭の中で考えていたのですが、それが実験室のように目の前で動き出したのです。

その後、二〇一一年の「アラブの春」で再度転機が訪れます。9・11も「アラブの春」の出来事も基本的には同質の転機ですが、学問上では「アラブの春」のほうが大きいと思いますね。より複雑になりました。9・11に関して言えば、イスラムの国際関係における潜在的な意味が現実のものとなった。現実として現れたからそれを説明しないといけないという単純な話で、たとえばテロのような即物的な現象のメカニズムを説明することが当面の課題になりました。政治現象としてはかなり特定の限定された領域にのみ関わるわけです。

しかし「アラブの春」以降、中東諸国の政治全体が変わっていく。それによって政治学の普遍性のある事例が多く現れてきた。これまではアラブ諸国についての政治研究は、地域研究の個別分野で、文化的な特殊性が強調されてきた。地域研究の業界で、自分はエジプトあなたはシリア、という感じで分業して国単位で別々に見ていた。その成果は各国について知りたい事情がある関係者の間だけで流通していた。それが、二〇一一年に始まった政治変動では、言語も宗教も同じで、共通の社会からの異議申し立てに端を発しているのに、各国で異なる展開になっている。何が政治変動の帰結を左右するのか。政軍関係など制度なのか、宗派や地域主義といった社会的亀裂なのか、産油国なら安定しているのか、君主制なら持続するのか、といった無数の研究課題が浮かび上がっています。

それと同時に、グローバルなイスラム主義が、これまでは米国に対するテロといった局地的な形で表れていたのが、本家本元のアラブ世界を舞台に活動するようになっている。国単位での政治変動と、国境を越えたイスラム主義の運動を組み合わさるとどのような政治的な化学反応が起こるか、というこれまたイスラム政治思想研究者が頭の中で夢想していた実験が、現実世界で行われているような状態です。

これまではイスラム教の理念、イスラム主義の理論の発展を分析して、その理念が直線的に影響を与える範囲での国際関係や国内関係を問題にしてきたのですが、アラブ諸国の政治全体が変わっていく中で、それと不可分なものとしてイスラム主義の各国別あるいは国際的な運動が重要な位置を占めるようになりました。そうなると、イスラム教の理念に関わるものと関わらないものを含めた全体の政治分析をしないとイスラム的な政治現象についても説明できなくなる。これまでは政治学をやるのであれば、イスラムの話は脇において、政治に関係するところだけをやっていればよかった。イスラム研究の観点から政治を見る場合は、関わる範囲でその一部分だけを、場合によっては針小棒大に拡大して（私はそんなことはしてきませんでしたが）問題にしていればよかった。しかし、いまは総合しないといけない。

かつては政治学者の立場であれば、「イスラム世界で起こったことの解説は、イスラム専門家に任せる」と言っておけばよく、イスラム専門家であれば「イスラム的な政治は通常の政治学では分析できない」と自己主張をしていればよかった。けれども、いまは「イスラム世界を政治学で分析できる」ときちんと示していかなければなりません。

学問の分野は一般に、細分化が極まって制度化されて単調になっており、これまで分かれていたものをもう一度、相互の連鎖を見て再構成しないといけない、という機運が出てきた気はするんですね。だから、政治学者もイスラム専門家もその状況を歓迎するべきだと思うんです。そういう意味では、私自身は政治学のほうに越境していこうというのが、いまの考えです。

イスラム世界の政治を対象にした研究全体に関しては、地域専門家に限定しないで共同研究をするというが今後の課題でしょうね。たとえば、軍事や政軍関係に強い人がアラブ諸国やイランやトルコを対象にしてみる。宗教と政治についての他の地域での知見をイスラム諸国にも応用してみる。メディア論や人口学の専門家ももっと中東諸国をフィールドの一つとして選んでみる、というように、地域専門家以外が参入すればいいと思います。それぞれの得意分野で手分けすることは可能だと思いますね。

知とデザイン3——イスラムと出会う時代

イスラム教は私たち日本人にとって、これまでどこか遠い存在であった。当然のことながら、私たちのイスラム教に関する知識も、キリスト教に比べると限られている。それは多くの知識人と言われる人たちも同じ状況にあるのではないだろうか。したがって、「アラブの春」、リビアのカダフィ政権崩壊、エジプトの混迷、アルカイダのゲリラ、シリアの内戦、そしてイランの核開発に関する強硬姿勢などをどう読み解けばいいのか、それが分からずに困惑をしたまま、自分の日常生活にはあまり関係ないなと安心して過ごしてきたのが実態であろう。

しかし、そのような時代は終わりを告げそうだ。二〇一三年のアルジェリアでのテロによって日本企業の従業員が多数死亡した。この事件によって、イスラム世界の動きの中で日本は蚊帳の外ではありえないことが身をもって知らされた。私たちが好むと好まざるとに関係なく、日常生活から政治までの広がりをもってイスラム教、およびイスラム教徒に直接出会う時代が来るに違いない。

イスラム教徒の人口はキリスト教徒に次いで多く、キリスト教徒が約二二億人、イスラム教徒は約一六億人である（二〇一二年）。しかも世俗化が進んでしまったキリスト教に比べると、イスラム教は日常生活の隅々に関わり、人々は戒律を守って生活している。当然、国家レベルの政治もイスラム教の教義の中で行われている。すなわち、政教分離はありえない宗教なのである。日本の政治学者も、この問題を避けて通れなくなってきている。

この重要な問題とは別に、池内先生との対話で興味深かったのはイスラム教と科学の関係である。九世紀にアッバース朝のカリフであったマームーンが「知恵の館」という図書館を作り、ギリシャの科学、哲学などの文化をアラビア語に翻訳して継承し、アラビア数字、代数学といった新たな要素を加えて発展させた。その集積が後に西ヨーロッパの「ルネサンス」と呼ばれる活動、すなわちキリスト教世界の知識人によってアラビア語の翻訳が伝わり、「暗黒の中世」から脱却する契機を作ったことになった。それだけ文化的に進んでいたにもかかわらず、その後のイスラム世界では西ヨーロッパで起こったような科学・技術の発展に結びつかなかったのはなぜなのだろうか。

その本質はイスラム教の「啓示」という概念にあるというのが池内先生の説明であった。すなわち、アリストテレス、コペルニクス、ニュートン、ダーウィン、アインシュタインも含めて、彼らのような人物が出てきて人類の世界観のパラダイムを変えるような出来事が起きるということ自体がすでにアッラーの啓示の一部である。あらかじめわかっていたことでしかない。ということは、西ヨーロッパで起こったようなカソリックと科学との間の葛藤など起こりようがないのである。このような葛藤こそが、西ヨーロッパにおける科学や哲学の発展の土壌を作り出したことは間違いないのだが、逆にイスラム世界ではそのようなプロセスを経ることはなかった。

日本の科学に関わる歴史を振り返ると、同じような問題を抱えているように思う。日本は明治以降、「和魂洋才」という言い方で文明開化を進めてきた。それはある意味で大成功であったのだが、別の意味では大きな禍根を残したままになったのではないだろうか。二〇世紀の初頭、二九年間日本に滞在したドイツの医学者ベルツは、日本人は学問（科学）を便利な機械のように扱っているが、決してそうではなく、学問（科学）は有機体であり、それが育つ風土や気候、土壌が必要なのだという趣旨の警告を発した。

それから百年以上たって、日本は3・11の東日本大震災を経験した。国会事故調委員として作業した個人的な感想は、ベルツの指摘した問題が今日も変わっていなかったということだ。あるフランス人に「日本人には哲学がないから原発は向かないのでは、という意見がフランスにある」と言われたが、すぐに反論できなかった。日本にも哲学、思想はあるが、それが原子力科学を育てる風土とは別物として存在しており、お互い入り混じることはない。事故後二年以上たってもその状況は変わることはないようだ。事故に対する対策はあっても、ほとんどは技術的な対策に終始している。「社会」、もっと端的には人から発想する視点と思考が欠落している。

現在のイランは、世界最古の文明であるかつてのペルシャ（波斯国）としてのプライドから覇権主義的な傾向が強いが、その目的を達成するために「波魂洋才」をやろうとしているかに見えるのである。それがイスラム教の教義や思想とは関係ないところで行われようとしている。すなわち、ベルツが指摘したような意味で原子力科学が育つ気候、風土がないのではないだろうか。日本の二の舞以上の問題を起こすのではないかということを恐れる。

（横山禎徳）

「左手に研究、右手に運用」。
しっかりとした科学的な基礎があって、
それを運用するという責任を持つ

江崎　浩
東京大学情報理工学系研究科教授／情報通信工学

矛盾した構造を変えるオープン化

Hiroshi Esaki

東京大学情報理工学系研究科教授／1963年生まれ．九州大学工学部電子工学科修士課程修了．東芝入社．1990年より2年間，米国ニュージャージ州ベルコア社，1994年より2年間米国ニューヨーク市コロンビア大学CTR（Centre for Telecommunications Research）にて客員研究員．東京大学大型計算機センター助教授，東京大学情報理工学系研究科助教授を経て現職．工学博士（東京大学）．／専門は情報通信工学．次世代インターネットの規格策定からネットワークの実践応用まで，研究・活動範囲は多岐にわたる．WIDEプロジェクト代表．東大グリーンICTプロジェクト代表などを務める．／著書に『IPv6教科書』（監修，インプレスR&D），『なぜ東大は30%の節電に成功したのか？』（幻冬舎），『スマートグリッド対応　IEEE　1888プロトコル教科書』（監修，インプレスジャパン），『インターネット・バイ・デザイン――21世紀のスマートな社会・産業インフラの創造へ』（東京大学出版会），『サイバーファースト――デジタルとリアルの逆転経済』（インプレスR&D）など．／2003年に通信放送機構理事長表彰，総務大臣表彰，2003年に情報処理学会論文賞，2003，2004年に総務大臣表彰，2004年にIPv6 Forum Internet Pioneer Awardなどを受賞．

インターネットの規格IPv6の世界的権威であり、節電の観点からスマート社会を創造し、実践する工学研究者。東京大学でさまざまな電力の可視化とネットワーク化を行い、3・11震災前の三〇%節電を達成。これらの取組みによってグッドデザイン賞などを受賞した。こうした研究の枠を越えた、大胆な活動へと駆り立てる背景とは？

「社会インフラの構造」をいかにオープン化して、イノベーティブなものに変えるか

江崎先生はコンピュータネットワークの基盤技術を研究される一方、その技術を運用した数多くのプロジェクトを立ち上げています。これまで、どのような経歴を辿ってこられたのでしょうか。

いまから二十数年前に地方の国立大学の電子工学を修了した後、東芝に入社しました。そこでは総合研究所でATM（Asynchronous Transfer Mode. 非同期転送技術）のネットワーク

制御技術の研究に従事していたのですが、一九九〇年にアメリカのベルコア社（Bellcore＝Bell Communications Research, Inc.）、さらに九四年からコロンビア大学CTR（Centre for Telecommunications Research）に客員研究員として所属し、高速インターネットアーキテクチャの研究を行ってきました。

アメリカに滞在していたとき、政府による「情報スーパーハイウェイ構想」[1]のプロジェクトに参加していたんです。アメリカ全土を、光ファイバーを用いた高速通信回線で結ぼうとするこの構想は、その後にインターネットの爆発的な拡大へとつながっていきました。ロバート・カーン[2]博士とか、ヴィントン・サーフ[3]博士とか、インターネットの父と呼ばれる人たちが統率する最先端のプロジェクトに出会って、とても衝撃的でしたね。

そもそもインターネットというのは、お金持ちの研究所が持っていた高性能のコンピュータを遠隔からも使いたい、という研究者の願望から始まったわけですが、実際にみんなが使ってみると、ウェブなど新しいアプリケーションを開発・投入・展開する人も出てきて、どんどんコミュニティが大きくなり、高機能化していきました。インターネットは、オープンなシステムになることで新しいものをどんどん取り入れて、それまでの古いコンピュータ業界のビジネス構造を変えていったのです。そのオープンイノベーションの考え方に、私は大きな影響を受けたと思います。

九八年に東京大学に所属するようになり、新世代インターネットのための技術を研究しながら、それを実際に運用することで、いっそう実践的な技術を生み出すという活動をしています。その後、「WIDEプロジェクト」[4]での活動を進化・深化させる形で、「東大グリーンICTプロジェクト」[5]を立ち上げ、国内外の企業や大学などと協力しながらそうした技術の事業化も展開しています。

現在、江崎先生のご関心はどのあたりにあるのでしょうか。

デジタルネットワークの技術を利用した「社会インフラの構造」をオープン化して、イノベーティブなものに変えるか、というのが最大の関心事ですね。

3・11の東日本大震災が起きる前は、すでに構築されて安定した既存のシステムを壊した

1　情報スーパーハイウェイ構想…一九九三年に、当時のクリントン大統領とゴア副大統領が掲げた全米規模の高度情報通信ネットワークの構想。二〇一五年までに光ファイバーを用いた高速デジタル通信網を整備し、家庭から公共施設、企業、政府までを広範に結ぼうというものである。

2　ロバート・カーン…一九三八年—。アメリカの計算機科学者。ヴィントン・サーフと共にインターネットのデータ転送技術の基盤となっているTCP／IPプロトコルを開発。

3　ヴィントン・サーフ…一九四三年—。アメリカの計算機科学者。

4　WIDEプロジェクト…一九八八年に設立されたインターネットに関する研究プロジェクト。産官学を問わず多様な団体や研究者たちの連携により、数多くの新しい試みが成果をおさめる。WIDEはWidely Integrated Distributed Environment の略である。

5　東大グリーンICTプロジェクト…二〇〇八年に活動を開始して以来、ICTを活用した施設管理、エネルギー管理の在り方についての検討、技術の検証を行う。東大工学部二号館をモデル的な舞台とする。詳しくは後述。

めには、相当な準備が必要でした。しかしそれ以降、かなり突っ込んで変革できるようになりました。本質的には、すでに出来上がった独占的な体制に対して、イノベーションが起こっていないところをどうやって変革するかという点になります。

電力のシステムはその最たる例です。3・11で、いままで見えなかったことが明らかにされて、安定供給の背後にあった矛盾が噴出しました。電力に関しては、やはり発送分離の問題が大きいですね。これは放送の業界にも似ていて、発電系が「コンテンツを作る人」とすれば、送電系が「コンテンツを配送する人」にあたります。放送のシステムでもこの二つが一体となっているのが実情です。これらを分離して、コンテンツに対してインディペンデンド（独立かつ公正）なビジネスが行われるようになれば、健全な競争と公平性が担保できます。その過程で効率化が進むと同時に、そこで新しいサービスが生まれていく構造になる可能性があります。

ただ、電力でも放送でも、システムを立ち上げるときには、その成功を考える必要があります。そうすると、最初は一体にならざるを得ないんですね。立ち上げかけて潰れてしまってはならない。一つの産業として育成していくシナリオからいけば、ある規模になることをめざして、それが達成できたときに意識的に分離する必要があって、それが政策としてあるべき形なのだと思います。

だからある時点で、システムを壊すためには、科学技術に携わる人たちが革新的な技術を導入して、そこにステッチを入れなければならない。それができなければ、国の政策に関与している大学や研究機関が、その方策のドライブをある程度行っていかないといけない。

インターネットの世界はどうでしょうか。インフラが構築された過程は、きわめて特殊ではないですか。

特殊かもしれませんが、実はアメリカの鉄道の歴史とすごく似ているんです。インターネットの仕組みというのは、いわばレールの上で商売するようなものです。鉄道ならば、最初に線路をどんどん引いていって、一九世紀のゴールドラッシュの最中に人々が儲ける手段となって動いていきました。たとえばシアーズ[6]が線路というインフラを使って、ロジスティクス（物流システム）を効率化するビジネスを始めました。そして線路の次に道路がクローズアップされて、荷物をパッケージ化するためのコンテナが考案されました。そうすると、船（海路）とトラック（道路）と列車（線路）のコンテナのサイズアブダクションが統一されれば、どのインフラを使うかは流通業者が決めればいいことになります。これが「標準化」の本質です。

6　シアーズ…アメリカ、カナダ、メキシコで百貨店を運営している企業。

そしてインターネットにおいて標準化を行ったのがＦＣＣ（Federal Communications Commission. 連邦通信委員会）です。当初、ローカルな線路がさまざまに存在しているような状況だったのですが、まずは「線路を運営する者」と「線路を使ってサービスする者」を分離しました。ローカルオペレーターが独占的にポイントをコントロールしないようにしたのです。そうすることで、線路の規格の共通化を図ったわけです。

そのようなオープンシステムと、それによって支えられる標準化はアメリカの思想に基づくものなのでしょうか。

アメリカでは、そうした標準化が全般的に早く進みますね。ＦＣＣのような組織があったり、ＮＩＳＴ（National Institute of Standards and Technology. 国立標準技術研究所）によるコントロールが効いているのかなという気がしています。

ＮＩＳＴが何をしているかというと、最初は消防車のホースのバルブの規格を調整したんです。かつて大きな震災が起きたときに、全米から駆けつけた消防車が動かなかった。州ごとに規格がバラバラで協調作業ができなかったんですね。その経験を踏まえて、ＮＩＳＴは「フェデラル[7]の技術仕様をどの州も使用して、共通の規格にしましょう」と推奨しました。そのさいに、「推奨はするけれども権限による強制はしない」としたわけで、それがものすごく賢い仕組みになっています。つまり、推奨された規格が合理的でなければ、産業界は採用しなくてもいいんです。嫌だと言って拒否することができる。反対にその共通規格に乗った方が有利と考えれば、相互接続性を保った部分でマーケットを広げられるんですね。そういう仕組みを上手に作っています。

とはいえ、アメリカでもそれぞれが勝手な規格でやっていることはあって、コンピュータ業界も最初はそうだったわけです。一九七〇年代から八〇年代にかけて、ＩＢＭの独占をどうやって壊すかを人々が考えたとき、それは官ではなく、さまざまな民間企業が主導していきました。

日本では、その辺の標準化はなかなか進みませんね。ほとんどがクローズドシステムです。たとえば、プレハブ住宅は各メーカーそれぞれが独自のシステムです。世界的に見れば、ガラパゴスと言われた携帯電話もそうですね。

日本では標準化しようというよりも、むしろ談合して浸食しないようにしますね。こぢんまりとビジネスをまとめたいという思考なんでしょうか。そういう中で、ある業界のシェア

7　フェデラル…（米国）連邦政府の自動車部品を販売する企業。

を全部取りにいこうと狙う人は、他社に邪魔してほしくないので、まずテクノロジーで差別化しようとするわけです。フェリカ[8]はその一例ですね。

ただ、フェリカを開発したソニーは最初は垂直統合（企業が商品の開発・生産・販売を自社で一手に行うこと）のビジネスモデルでソニーらしくスタートしましたが、マーケットが広がりそうになったときに、マルチベンダー（一つの企業の製品だけでなく、さまざまな企業の製品から優れたものを選んで組み合わせ、システムを構築すること）化するために自分のインターフェイスを公開して他社でも作れるようにしましたし、市場規模の拡大に成功しました。そういうことができる企業は、まだそれほどないと思います。いまは日本の企業も学習の途上ですね。

やはり見識があって、実際に動くものを作れるかどうかが勝負。それにはアカデミズムが一番やりやすい

産業界の標準化は、「ある程度の規模」「事業意欲」「見識」がある企業がリードしないとできないということですか。

たしかにそうとも言えるのですが、リードするのは企業だけでなく、アカデミズムでもできるのではないでしょうか。私たちが行っている「東大グリーンＩＣＴプロジェクト」が、まさに当てはまります。これは、東大工学部二号館を実験場とした省エネのプロジェクトです。二〇〇八年に結成したもので、オープンネットワークやセンサー技術を用いることで、空調、照明、室内使用電力、ビルマネジメントシステムなどに関する技術とその運用、施工までも含めた産学連携の研究を行っています。建物や設備に関係している人たち、すなわち東京大学、東京都、設計事務所、ゼネコン（総合建設業）、サブコン（土木・建築の一部を請負う業者）、システムインテグレーター（システムに関する業務を一括して請負う業者）、ベンダー（製品を販売する業者）などが集まって最適な解を見つけようとしています。

要するに、ビルトイン型[9]のビルオートメーション業界に、私たちは新参者としてノックしたわけですが、その業界のエンジニアたちは頭では「いろいろなシステムをつなぐことは正しい」と分かっていても、事業部は「前例のないことはさせない」というところで悩んでいました。私たちは「まずつなげることからやろう」と言ってスタートしたんです。エンジニアは正直ですから、その作業に協力してくれました。それで、実際につなぐことを行うと、

8　フェリカ…ソニーが開発した非接触型ＩＣカードの技術方式。
9　ビルトイン…設備をあらかじめ組み込み、作り付けてあること。

新しい可能性がどんどん出てきました。いままで見えなかったアプリケーションソフトとか、コストダウンとか、クライアント（顧客）との関係です。そうした流れの中で、結局は止められないということを事業部の人たちが理解しだしました。

それからもう一つの新しい可能性は、グローバルマーケットが見えてきたことです。いろんなシステムをつなぐことで、「グローバル標準」となりうるものを手にしたんです。そうすると、中国や新興国などのマーケットがちらちら見えているので、皆さん元気が出てきているんですね。

「デファクトスタンダード（事実上の標準）」を取るという話はよくあるのですが、それと何か違うのですか。

デファクトスタンダードもいろいろあって、私たちの場合、デファクトスタンダードとデジュールスタンダード（公的な機関で合議された標準）の中間・両方のところを実は取っているんです。しかしながら、何をやるにしても、やはり見識があって、実際に動くものを作れるかどうかが勝負で、それにはアカデミズムが一番やりやすいポジションだと思います。先進性と中立性をともに備えていますね。

また事業投資からすると、動くシステムを作ることにかかるお金は大したことがないんです。だいたい全体の数パーセントくらいで済みます。そのお金を大学が、できればマルチクライアントの形で、つまり複数の企業との産学連携で作ってしまえば、中立性は確保できると思いますよ。そのコーディネーションを大学が上手くできれば大丈夫です。

実は「WIDEプロジェクト」でやったことは、まさにそれなんです。複数のベンダーのコンピュータを持ってきてつなげて、そのさい各ベンダーにはシステムのコンセプトをある程度持ち出してもらって、共通するプロトタイプを作ってもらいます。それで動くことが証明されて、さらに内部のテストを受けて継続的に面白いことができるという段階になれば、「それを使ってどうぞビジネスをやってください」と言うわけです。

そういうアプローチは経産省もやろうとしましたが、あまり成功していないですね。大学が主導した成功例から見ると、どのように違うのでしょうか。

政府がやる場合、上手く行き出すと大きなお金を注入します。そうなるとやはりプロジェクトが緩むんですよ。財務管理をする人も「どうせ国のお金でしょう」と言って「適当でい い」というわけです。政府が絡むマッチングファンド（市民・企業・行政などが、より規模の大きい活動を実現させるために共同で資金を提供する制度）にしてもそうです。人間の心理の問題ですね。

これはプロジェクト全体のガバナンスとも関係してきます。どれも同じお金とはいえ、国からの資金に対しては、企業側も何となく色がついているような感じに受け取ってしまいますね。何回か他のプロジェクトも体験しましたが、そういう意味で大学がやる方が緊張感があって、ガバナンスも効くのではないでしょうか。

ただし、そのためには大学側にプロジェクトを回せる教授がいなければなりません。「あの先生が言っているからしょうがないな」と思わせるような人物が必要です。企業も内部ではいろいろな温度差がありますが、そのようにトップが思ってくれれば、それでプロジェクトが進んでいくところがあります。事業投資の額も小さいし、ポートフォリオで見ればたいしたことはない。「やらせてみて、上手くいったらいいじゃん」とトップは考えられるわけです。とはいえ、現場は当事者ですからそうはいきません。どうしても必死になります。そういう構図に持ち込めればいいんです。

「大学は動物園にしておかなければならない。そのためのガバナンスが重要である」

大学の教授にもアカデミックな訓練とは別に、プロジェクトを回す訓練が必要になります

ね。

そうですね。周りのおじさんたちをちゃんと口説けなければなりません。そういうことは、やはり個人技の部分が大きいです。私もできるだけＯＪＴで、大学のファカルティ（学部の教授たち）や学生に伝えるよう努力しています。代理は効かない場合がほとんどですから、会議や交渉の現場に連れて行って、実際にどう話をしているかを聞かせるのが一番です。

とはいえ、プロジェクトというのはもともと一タームで終了となるものですから、クライアントとの関係も、いったんそこで切れるのが普通です。ですからＯＪＴで訓練したことは、今度は別のクライアントとの関係づくりにおいて応用していかなければなりません。ただ、プロジェクトの回し方はフィールドが違っても本質の部分は似ているところがあるので、それを摑むことが大事です。そうやって経験を積む中で、自分なりのプロジェクトマネジメントのスタイルを作っていけばいいと思います。

しかし大学の教授というのは、プロジェクトマネジメントの世界に入っていくことを想定してきたわけではないので、どうしても向き不向きはあるでしょうね。私も自分のやり方がすべてとは思っていませんし、現在進めているプロジェクトも大学のポートフォリオからすればたぶん端っこの小さな金額の方だと思います。ただ、そういうプロジェクトを許容するようなガバナンスが大学側にないと、上手くいかないと思います。

会社でいうと、私たちは事業部で金を稼ぐようなもので、産業界と一緒にやっているわけですね。かたや会社の中の基礎研究所のようなところで、基礎的な学問をやっていらっしゃる教授の方々がいて、その人たちを大学はしっかり守っています。すると私は事業をやりながら、基礎研究やっている方々の面白そうなネタをいつも横目でちらちらと見ていられるわけです。それがあるとき、別のフィールドで使えそうだとピンと来ることもある。そういう意味では、私たちは目利き役としての役割も持っているんであって、それがまた特典でもあるのです。東大はそういう点で融通の利く組織かもしれません。

以前、小宮山宏・前東大総長が、「大学は動物園にしておかなければならない。そのためのガバナンスが重要である」とおっしゃっていました。動物園にしておくためのガバナンスというのは、ガバナンスを効かせようとするのではなく、組織自体が自然に安定点を探し出すようなガバナンスになっていることなのかなと思いますね。東大はそういうガバナンスになっているようです。自律的に調整していますよね。

ただし、そうしたガバナンスの思想の機軸をかなり意識的に決めておかないと、時間とともに変わっていく可能性はありますよね。

私がいたマッキンゼーというコンサルタントの組織は、まさに同じようなガバナンスで、

パンダもいればゴリラもいるという動物園でした。皆好きなようにやっていて、サインも全部自己責任でするわけですが、その代わり「パートナー」という仲間に入れるときには、同じ価値観を共有しているかということを徹底的に調べ上げて選んでいました。

それは大学でも同じではないでしょうか。教授を決めるプロセスは戦略的に行われていると思います。学部なり学科のポートフォリオを見たときに、どこにどういう人材を配置するか、どういう特色の分野を伸ばしていくか、そのためにはどの人を招聘するか、そういうことが綿密に決められていくプロセスです。

大学での評価は、表向きには論文のようなアカデミックなペーパーで行われますが、それ以外の部分もかなり重視していますね。とくに東大では、霞が関に対してしっかりとした交渉ができるかどうかがきわめて重要です。独立性と協調性の両方のバランスがとれていないと困るわけです。

私は企業に一〇年以上勤務した後に東大に来たので、他の大学のことはあまりよく分かりません。私のキャリアは、地方の国立大学を出て、東芝に入社して一三年くらい仕事をした後で、東大に呼ばれました。最初は情報基盤センターというコンピュータセンターに赴任して、しばらくして情報理工学系研究科の教授になりました。東芝では担当の係長レベルまでやりましたので、そういう意味では、企業のエグゼクティブではない眼から、大学のガバナンスがどうなっているのかを見てきたという経験があります。

それからもう一つには、インターネットの研究では慶應義塾大学の村井純[10]教授と共同研究をしていますので、東大と慶應の違いも見えてきましたね。この二つは違うように見えて、似ているところも多いと思います。官との関係でいえば、東大は官をコントロールしようという立場ですが、慶應は官と逆のことをやろうという立場です。でも基本的には、両方とも官からの独立性を保とうとしている点、それでいて官が機能しないと困ることを充分に分かっている点においては同じなんだと思います。

アメリカのプロモーターは、アイディアを効かせてマーケットを大きくする。そういうスキルは、日本では大企業にもない

九〇年代にインターネットが始まったばかりのとき、技術面、応用面の両方で大きな可能性が見えていたと思うのですが、日本のネット長者の中には上場して得た資金を不動産投資

10　村井純…一九五五年―。情報工学者。慶應義塾大学環境情報学部長、同教授。WIDEプロジェクト・ファウンダー。

などに使ってしまう人たちもいて、技術開発に投資してさらなる差別化を追求するという方向にはいきませんでしたね。まだ未成熟な世界ですから、せっかくのお金をもっとR＆E（research and engineering. 研究技術）投資に投じてもいいのではないかと思っていました。

おっしゃるとおりだと思います。これは産業界の問題でもあり、卒業生を送っている大学の問題でもありますね。ただ、実はアメリカの状況を見ても、それがいまできていないんです。R＆E投資を真面目にやっているのはグーグルくらいです。老舗のインターネットビジネスやネットワークビジネスの会社はR＆Eを削って、オペレーティングカンパニーになっています。その受け皿として、アメリカではベンチャーキャピタルが機能しているわけです。ですから、ベンチャーキャピタルはR＆E投資をして買収されるか、あるいはIPO（株式公開）をして売りにいくか、そういったシナリオでR＆Eのエンジンが動いているという感じですね。

先ほどインターネットは鉄道と似ているという話をされていましたが、日本の私鉄のビジネスシステムの基礎を作り上げたのは、小林一三[11]という一人の天才です。小林は阪急電鉄をはじめ、都市開発、百貨店の流通事業、さらには宝塚歌劇団や東宝映画の設立など、鉄道を起点とした一体的なビジネスシステムをすべて自分で作り上げました。少女歌劇の脚本すら自分で書いていたと言われています。

彼は「専務車掌」と称して実際に乗務し、電車のドアを開け閉めしながら独創的なビジネスのアイディアを考えたんですね。車両内を見ながら頭の上が空いているからと中吊り広告を発明し、駅の周りに建売住宅を作って土地と住宅をセットではじめて月賦販売しました。高校野球まで発明している。全国から勝ち抜いてきたチームが、最後に豊中の原っぱに集まって優勝を争うというシステムを作り上げたのです。

私鉄がものすごく伸びていく時期に、鉄道を中心とした事業で利益をあげるビジネスモデルの原型を作った人が、日本にはいたんですね。欧米の真似をするのではなく、現場の発想をもとに独創的なアイディアをもった経営者がいたということです。こういう発想や思想が、いまのインターネットビジネスの人たちには見られない……。

たしかに一時期、ネットビジネスが隆盛して電話会社が潰れて、社会インフラのリストラクチャリングが急激に起こった時期はあったわけですが、ネットの枠を超えてビジネスプランを創造した人がいたかというと、残念ながら世界中を見てもそういう例はなかったでしょうね。

11 小林一三…一八七三—一九五七年。実業家。第二次近衛内閣の商工大臣、一九四一年から貴族院勅選議員、幣原内閣で国務大臣、初代戦災復興院総裁を歴任。

そういう中でグーグルが近年になって、そういう展開をやり出しているかなという感じはありますが、グーグルの背後にもベンチャーキャピタルがついていますから、彼らがかなりそうしたビジョンを持っていますね。

私は東芝にいたときに教えていただいたのですが、日本の企業にはプロモーション部隊がいないんですよね。「商品企画はあるけれども、プロモーションは存在しない」と。最初は何を言っているのか分からなかったのですが、アメリカでプロのプロモーターをつけてもらって仕事をしたときに、彼らがどういう仕事をしているかが分かりました。やっていることは、さまざまなアイディアを効かせてマーケットを大きくすることです。そういうスキルは、日本では大企業にもないですね。でも阪急グループがやったことは、まさにプロモーションですよね。

いまになってみれば、乗換駅、すなわちモーダルチェンジポイントは人が移動し、また淀むところなのですから、そこにさまざまな可能性があるのは当たり前に考えられることです。しかし、当時はそういう発想はできなかった。小林一三だけがそれをやり切って、後の者たちがその手法をコピーしていったんです。翻って現在のインターネットには、同じような可能性が至るところにあるはずですね。

そうですね、チャンスはあると思います。それを摑んでものにするためには、発想のシンプルさがまず大切です。それから、事業を走らせながらイノベーションが生まれていくので、現場がないとだめです。それはきわめて重要なことだと思っています。

私は、「左手に研究、右手に運用」と常に言っているんです。しっかりとした科学的な基礎があって、それを運用するという責任を持っていれば、将来性の怪しい話が少し影を落としてきたときに何となく分かる。鼻が利きますよね。それがとても重要で、アカデミズムがあまり現実から乖離してしまうと問題で、かえってイノベーションが生まれにくくなると思います。もちろん大学というところは、現実から乖離した変なことをやっている人がいて当然です。したがって、その変なことは変なことのまま大学に埋もれてしまわないように、それを見ていて生かせる人が必要です。そういう絶妙の環境を、大学は作っていかなければならないと思います。

実際に、大学の人たちが集まるファカルティ（学部）には面白い環境がありますね。いま、私はスマートグリッド[12]の分野との関係づくりをしているのですが、周りを見渡すと、電気自動車をやっている人、バッテリーを作っている人、核融合をやっている人、ずらりといるわけです。その中でも方向性や進捗状況はさまざまで、この研究はいつごろこんな感じに

12　スマートグリッド…次世代送電網。電力の流れを供給側・需要側の両方から制御し、最適化できる送電網。

なるのかな、と何となく分かってくるんですね。それを見ながら、私たちはこれをどうやってスムーズに使っていこうかなと考えます。そのときにマーケットとも対話しながらやっていく。そうするといろいろなチャンスが見えてくるんですね。

戦略は一貫していても、状況により戦術は変えていく。その引き出しをどれだけ持っているか

先ほど「東大グリーンICTプロジェクト」の話が出ましたが、具体的にはどのようなことをおやりになったんですか。

東大工学部二号館をモデル的な舞台として、個別に運用されていた設備の制御管理システムを相互につなげて、電力エネルギーの投入・配送・消費の状況全体を可視化できるようにしました。これによってＩＴによる省エネとＩＴ環境自身の省エネの両立を実証するということをやったわけです。

実証実験の対象となるシステムは、空調、照明、ビルマネジメントシステム用のソフトウ

エア、研究室内使用電力、サーバールーム。これらをインターネット経由ですべてオープン化させて、コントロールできるようにしました。システムを全部取り換えるとお金がかかりすぎますから、最初はサブシステムの入口のところで変換させるということをやって、ただしそれがやがては全部トランスペアレント（透過的）になるようなスペックとビジョンでやりました。すでに本格的な電力モニタリングと省エネ制御を行っています。

まずは省エネで成果が上がり、次にはこのインフラを使っていろいろなことができることに気づきました。たとえば、労務管理ができたり、セキュリティシステムが独立システムである必要がなくなる。そうなると、セキュリティ会社がビル設備のマネジメントまで手を出せるようになるわけです。

そして次のステージとしては、いまが単体のビルをやっていますから、多棟管理とか、東大のキャンパス全体での実験、さらに街での実展開へと向かっています。そこでスマートグリッドと融合し始めるかなと考えています。ここ（東大）が旗艦になって、こうした仕組みがもっと他に広がっていけばいいと思います。キャンパス全体にスケールを広げると、都市設計などの面でビル単体のときとは違うプレーヤーにも参加してもらう必要があるので、長期的なデザインも考えていかなければなりません。

建築の世界にもＩＴの世界にも言えることですが、「始めに答えありき」つまり“Here is

the solution. By the way, what is your problem?"（「これが答えです。ところで貴方の問題は何ですか？」）という発想で物事を考えているような印象を持ってしまうのですが。

それを解くヒントを、私はゼネコンの人と話をしたときに分かったんです。どういうことかというと、ゼネコンがベンダーの言いなりなんです。つまり、ベンダーが「これしかできません」と言ってくるのです。それでゼネコンは、デベロッパー（不動産会社のような施設開発事業者）に提案ができないという構造のようです。ゼネコンは本来そういうものではないはずです。ですから、私はゼネコンの現場の人にいつも言っていました。「ベンダーができないと言っていると施主を説得するのではなく、できないと言ってくるのを壊してくれるなら大歓迎です」と。

「戦略と戦術と武器をしっかり考えろ」とよく言われますが、その通りですね。武器が最初にあって、だからこういう戦い方しかできません、というのではなく、戦略があって、戦術が決まれば、武器は自然と出てくるものです。

スマートグリッドは、その中にどういう形で絡んでいくのでしょうか。いま、環境的には、スマートグリッド本来の意味を考えるにはいい時期ですよね。

いまのスマートグリッドも、やはりすべて「始めに答えありき」で話が進められていますから、最終的なベネフィットは何なのかということと、戦略をどこに持つのかをしっかり考えないといけません。

私たちは、原発なしでいくためにすべての知恵を絞るという方向で考えています。そうすると、このプロジェクトですでに達成した、従来の「三〇パーセント節電」を大目標として、あらゆる手を使って考える。まずそこからいけばいいのではないかと思っています。その過程の中で、電力会社はどうすべきかという視点から考えるようにもっていけるのではないか、と。

もう一つは、これだけの震災を経験して、これだけの節電に乗り出している国は、世界に日本しかないわけですね。このノウハウを、日本企業のグローバルマーケティングにどう反映させていくかということを考えています。そのために、私たちは中国や新興国と相談する機会を作って、標準化の技術を各国に導入しながら、後は日本企業がそれに加わって来るのを待っています。

そうした働きかけに対して、中国の態度はどうなんですか。

中国はいま、キャッチアップしている状況から、マーケットを握ったという自負に目覚めた時期で、「自分たちが使っているものが国際標準である」という言い方を始めています。プレゼンスを高めたいという思いがとても強いのですが、ITの分野のグローバルコンセンサスとしては、中国がやっていることへの評価は必ずしもよくないというのが実情です。ですから私たちは、中国から国際的に評価されるような「いいもの」を出してあげるということを目指しています。手柄はすべて中国に渡しています。

どれだけ臨機応変に関係づくりをできるかが重要です。戦略は一貫していても、状況により戦術は変えていかなければなりません。その引き出しをどれだけ持っているかにかかっています。

日本の電力の話に戻りますが、「最初に電力需要ありき」という思想があって、電力会社には「自分たちは供給責任を果たすのだから、その責任を果たしている限りあれこれ言われたくない」という意識が強くあります。しかし、その時代から電力需要の構造は変わってきているのです。いまは工場の製造現場ではなく、節電自由度の高い開発とか、そのように設計された居室が需要の中心です。

同じロジックはかつての電電公社（日本電気電話公社）にもありました。日本での電話とインターネットの歴史というのは、私たちのような新参者にとっては、独占的な体制を維持していた電電公社との話し合いの歴史でもある。そのときの電電公社の意識は全く同じ構造でしたね。ただしＮＴＴになってずいぶん変わって、柔軟になったと思います。だから同じように、そこの構造を変えないと無理です。

電力の場合では、発電所と電送路を分けることは、電送する側からすればオルタナティブの発電をする組織や団体を利用できるようになることを意味します。それには技術的に高度なものが必要で、いまその開発の力が求められています。それができないかぎり、本質的には何も変わりません。とはいえ、現段階の技術は一〇〇パーセントとは言い難いですが、部分的にはもう実現できるところはあるわけです。インターネットがそうであったように、そうした部分的なところからスタートするのかなと思います。

たとえば、三菱地所さんと話をしたときに、こういうことを聞きました。震災前に彼らは東北に風力発電のための風車を作って、その電力を東北電力に売り、さらに東京・大手町で買うということをやっていたそうです。風が吹かないときは、大手町でアラームが鳴って節電するというようなオペレーションを、彼らは考えていました。これは明らかに東京電力と東北電力という地域ごとのインフラを上手に使って、離れた場所でビジネスをスタートするというモデルですね。そして、やがては自分で発電所と電送路の線を引けばいいというシナリオが考えられます。

企業にとっては電力の安定供給は死活問題です。日本では電力会社が供給責任を果たすことを前提にすべてのシステムが構築されています。つまり、停電しないことが前提となっているので、その安定性から企業は足抜けできない仕組みになっている。ところが今回の震災で、多くの企業が「電力が足りなければ停電する」ということを知り、実際に計画停電を経験して、はじめて皆自衛努力を始めるようになったんですね。

見方を変えれば、電力会社への信用や安定性が揺らいでいるいまは、ものすごいチャンスなんです。先ほどの三菱地所の例のように、効率化と同時に自分の利用者のプロテクト（保護）の両方を追求することになるのであり、停電を前提としたＢＣＰ（ビジネス・コンティニュイティ・プラン）[13]の作成がこれから行われていきます。そのためにはここが組めばもっと効率化が進むとか、ＢＣＰが向上するとか、そういうアイディアが出てくるでしょうね。いくつかの工業団地などで、そういう取り組みが出てくると思いますよ。集合住宅などは実はそういうことがやりやすいんです。

企業側からそういう動きが出てくるということですね。役所も現状の理解をしないといけないことだと思います。しかし、節電への切羽詰まった企業努力が続けば、やがて世界最高水準の環境技術が開発されて来るでしょうし、これは輸出産業になるだろうと私は予想して

13　ＢＣＰ（ビジネス・コンティニュイティ・プラン）…災害などの非常時でも企業が存続できるよう対応策などを事前に定めた事業継続計画。設備や拠点など代替機能の確保、情報システムのバックアップなどに備えて早期の復旧をめざす。

います。それにいち早く気づいてビジネスに転換できた人が、グローバルマーケットに出てくるのではないでしょうか。

「マトリックス」や「攻殻機動隊」の世界はやってくる。意識はネットワークにつながって、バーチャルとリアルで混ざり合う

インターネットの技術に関して、文化的な側面についてはどうお考えでしょうか。いまから数十年ほど前、エアコンの普及にともない議論になったことがあります。人々が夏は冷房、冬は暖房を使うようになると、一年中二五度ほどで生活することになる。そうなると、四季折々の寒暖を感じて楽しむという風情が、日本人の生活から消えてしまうのではないか、と。そうした観点はどう思われますか。

難しい質問ですね。ちょっと考えたことなかったですけど、その地域その地域の古くからの文化や人々の慣習、その中での感性や感覚はもちろん尊重されるべきだろうと思います。

インターネットはマルチカルチャーを尊重するために、ある文化の受容にあたって地域ごとにローカライズされるプロセスを意図的に考えます。それが、「普通言われている意味とは違ったグローバライゼーション」のプロセスなのだと思います。

だからこそインターネットの技術については、最初の戦略がものすごく重要になるんですね。どうあるべきかという普遍的なところからスタートしますが、その技術の作り方は環境によって変わらざるを得ないということを前提にしています。たとえば、デジタルネットワークでは、文字の文化を超えられないことが挙げられます。グーグルが世界制覇できないのはそのためとも言えます。

そういう意味でいうと、インターネットの本質には、「グローバライゼーション」「ローカライゼーション」「自律性」というのがあって、これはグローバル化の中で、どのようにローカルに自律＋自立できるかというのが大きなポイントになってきます。つなぐということをして、その上で文化の種を存続、さらに発展させていかなければなりません。そのためには、個々の人たちが独立性を持ったうえで、ネットワークがデザインされていくことが求められます。どんどんつないでいっても、その中にマイノリティもちゃんと入っていないといけない。先ほどの大学の話と一緒で、動物園のようにいろいろな動物、変わった動物も飼っておかなければならないのです。

歴史的に、変革は辺境から起こります。良い変革も悪い変革もあるので一概には言えませんが、ナポレオンはイタリア半島の西に位置するコルシカ島で生まれ、きちんとしたフランス語が書けなかったと言われます。スターリンは南コーカサス地方のグルジア出身で、ロシアの多数を占めるスラブ人ではありませんでしたね。今後、インターネットはどのような変化をしていくと思われますか。

私はやっぱりSFの世界をイメージするのが一番早いかなと思っています。とはいえ、私たちのイマジネーションはせいぜい三〇年から五〇年の先が限度なので、そこまでのイメージかなという気はしています。「マトリックス」[14]や「攻殻機動隊」[15]の世界は確実にやってきますね。意識はネットワークにつながって、すべてのものがバーチャルとリアルで混ざり合ってしまう、そういう世界まではだいたい見えていますね。

それから科学技術の研究では、その多くはコンピュータ上に全部載ってしまうので、実験物理学などの実験系の価値は相対的に高くなっていくと思います。つまり、ほとんどのものがコンピュータでシミュレーションできてしまうと、本当に実験をしてみる価値のあるものはものすごく洗練されていくはずです。実験する価値は、何かとんでもないものを発見する価値という意味に収斂していきます。コンピュータによる計算は、所詮自分たちが計算した空間でしかできないわけですから、新たな発見が起こりにくくなります。したがって、発見する価値が急激に上がって、そのための実験ということになっていくと思います。

要するに、シミュレーションモデルにはセレンディピティ（思いがけないものの発見）がないということですね。

そうです。すると結局、インターネットが本当の意味での社会インフラになるということは、「自分の知識の所有者は誰なの？」みたいな世界になるだろうと予測されます。バーチャル世界のアセット（資産、財産）と物理世界のアセットが混乱しますから、知識階級にとってインターネットという社会インフラは知識の所有が揺らいでいくという意味をもってくるわけです。

そうなるとさらに、バーチャルな世界のアセットを握っていれば、フィジカルの世界のアセットを握っていることになるという、現在マネープレーでやっているような世界がもう少し進んだ形で社会の中に入っていくだろうなと思います。マネーの世界では、現金とそのほ

14　マトリックス…一九九九年のアメリカ映画。またそれ以降のシリーズの総称。主人公たちが仮想現実と現実を行き来しながら、コンピュータの支配から人類を解放する戦いを描く。

15　攻殻機動隊…士郎正宗による漫画作品。一九九五年に劇場用アニメ映画、二〇〇二年にテレビアニメが公開され、小説、ゲームなどの派生作品もある。脳にデバイスを接続する電脳化技術などが発展し、人間が電脳によってインターネットに直接アクセスできる時代が舞台。そこでの公安警察組織の活動を描いた。

か証券などがマネーとして結びついている。背後には実体のアセットがある。しかし、その実体のアセットと遊離をしても、バーチャルマネーというものになってマルチメディアに流通している。私にはそういう世界に見えています。インターネットも、基本的にはマルチメディアで、いろいろなメディアをつなぐのがその本質です。そうすると、マネーの世界で起こっているようなことは、確実に世界全体の実体空間と結びついて起こってくるだろうと思うんです。

フラグメント（ビジネス領域を独立したものにすること）をするというのが一つの防衛手段として出てくるのは分かっています。しかしながら、フラグメントすることによる不利益も大きい。フラグメント化しないかぎりビジネスは立ち上がらないという中で、これはスパイラルな構造ですね。フラグメント化してビジネスを立ち上げて、それがグローバルな流通基盤になっていって、その上からまた囲い込むものが出てくるという繰り返しが続いていくんでしょうね。そういう意味では、私の仕事はたぶん消えないと思っています。コンピュータのインターネットの話から、建物のビルの話、それがエネルギーの話に飛び火する。おそらく他の分野も同じような構造がたくさんあるわけですよね。それらが有機的に、エコシステムとして結びついていく。これからのインターネットはそういうイメージです。

知とデザイン4——インターネットの本質

最近、ITという表現とICTという表現が同じような意味で使われている。しかし、両方のIは果たして同じ意味と言えるだろうか。ICTでは「インフォメーション」だが、ITでは多くの人が思っているように「インフォメーション」ではなくて「インターネット」と定義すべきであると私は考えている。

「インフォメーション・テクノロジー」は昔から存在する。とりわけ新しいものではない。ラジオやテレビ、DVDやブルーレイディスク、パソコンなどの電子機器は、その技術を活用してきた。また、世界の製造業はコンピューターやNC（数値）制御やロボットを活用して生産性向上を図り、市場のニーズに応じた多種少量の生産を可能にした。

「コミュニケーション・テクノロジー」に関しても、すでに一九世紀に電話が発明されていた。その後、ICの出現によって大きく進歩したが、電話であることは変わりがない。携帯電話は大変便利であり、昔に比べるとまさに濫用という状態ではあるのだが、日常の通話そのものに何ら新しい驚きがあるわけではない。

それに比べると、インターネットは二〇世紀末に全く新しく出現した。一般の人たちが使いこなせるようになって実質二〇年程度しかたっていないが、その現代社会の隅々に与えるインパクトは驚異的である。我々の生活を日々変化させていると言ってもよい。シュンペーターが言うようにイノベーションが経済の成長に必要であるとするならば、まさにインターネットは彼の言うところのイノベーションの典型例であろう。

江崎先生との対話では、今の日本にとって重要な電力消費の削減の話題が中心だったのだが、インターネットが先生の専門分野であり、東大EMPでの先生の講義を聞くと、我々がこれほど身近になっているインターネットの本質をあまり突き詰めて考えていないことに気づかされる。いろいろな側面があるが、まずこれは新しい「コモンズ」であるということに重要な意味があるのではないかと思う。

コモンズとは資源が枯渇しないように共同で管理して活用し、自分勝手に濫用しないという公共の所有物である。日本では古くは山林や漁場などの入会地、田んぼの灌漑用水、ヨーロッパでは牧草地がそれにあたる。近年は医療システムもコモンズであると考える向きも多い。

そして、インターネットも新たに加わったと言える。すなわち、既存の多くのネットワークを結びつけるインター・ネットワークは、伝統的な電話会社のような強力な管理主体がマスタープラン的な統合概念で作り上げたものではなく、参加者がより便利なものへと変えるために新しい技術を持ち込む形で発展を続けている。

この新しいコモンズが原動力になって、これまで進行していたグローバリゼーションが加速度的に展開しはじめたのではないかと思う。グローバリゼーションとは本来、地域間の「相互連鎖」の進行であるが、最近では既存の分野、産業の間の「相互連鎖」も進んでいる。まさにワールド・ワイド・ウェブが地域、分野、そして産業を自由気ままに結びつけているのである。グローバリゼーションに反対する運動も、このようなコモンズの展開の恩恵を十分に受けているのであり、どこかで自己矛盾に陥っているのではないかと思わざるをえない。

その中でも、金融が最もグローバル化している。すでに一九七〇年代初頭におけるマイクロプロセッサーの出現以来、お金が抽象的な電子のパルスに変わってしまい、簡単に国境を越える状況が進行していた。これにインターネットというインタラクション・コスト、情報交換コストの急速な低下によって新たな様相が付け加わった。昔はお金の流れを「産業の血液」の流れに例えたが、今ではそれは「情報の流れ」そのものであり、地域の垣根を安価かつ自由に乗り越えて移動し、「相互連鎖」そして「相互依存」が深まっている。その状況がどの程度進行していたか、それをリーマン・ショックで思い知らされたのである。

また、我々にとってもっと身近な現象として、ほんの数年前に出現したスマートフォンがある。スマートフォンは携帯電話にインターネットの機能を付けたのではなく、最初からインターネットのための商品であり、ゲーム、デジカメ、ナビなどいろいろな分野の機能を飲み込んで行っている。いわゆる「産業」という概念が、まだ一部ではあるがぼやけてきている。

インターネットが出現した際、バブルが起こったが、そこでもてはやされたのはe-コマースであった。過剰期待であったのか、その後は失速してしまったが、e-コマースがネット販売という形で新たな展開を始めている。そこでは、自由な比較ということを通じて価格破壊が行われている。我々の消費行動は急速に変わっている。この延長に、まだ見たことのない生活の大変化があるのだろう。ITはまだ始まったばかりである。かつてもてはやされたネット長者はそのことを理解して技術投資をしているのだろうか。外から見る限り、ほとんどしていないようなのは大変気がかりである。誰かが開発したものを手に入れるだけではない志を持った人物、すなわち「IT時代の小林一三」というイノベーターの出現を期待している。

（横山禎徳）

経済史研究者は、
料理する対象に応じて包丁とか鍋釜も
自分で開発する料理人です

小野塚知二

東京大学大学院経済学研究科教授／西洋経済史

「失敗の合理的背景」という観点

Tomoji Onozuka

東京大学大学院経済学研究科教授，東京大学アジア研究図書館長，東京大学経済学図書館長．／1957 年生まれ．東京大学経済学部卒業，東京大学大学院経済学研究科博士課程単位取得退学．博士（経済学）．横浜市立大学商学部専任講師，連合王国ウォリック大学社会史研究センター客員研究員，連合王国ウェイルズ大学カーディフ・ビジネス・スクール客員研究員などを経て現職．／専門は西洋経済史．主な研究テーマは，現代欧米社会経済史，イギリス労使関係・労務管理史で，そのほか機械産業史，ヨーロッパ統合史，音楽社会史，食文化史，兵器産業・武器移転史などの分野でも幅広く活躍．／『クラフト的規制の起源――19 世紀イギリス機械産業』（有斐閣），『西洋経済史学』（共編，東京大学出版会），『自由と公共性――介入的自由主義とその思想的起点』（日本経済評論社），『軍拡と武器移転の世界史――兵器はなぜ容易に広まったのか』（共編著，日本経済評論社），『大塚久雄から資本主義と共同体を考える――コモンウィール・結社・ネーション』（共編著，日本経済評論社），『経済史――いまを知り，未来を生きるために』（有斐閣）など．／2001 年に社会政策学会奨励賞受賞．

西洋経済史という分野を専門とする研究者。近現代欧米の経済社会を鋭く捉え、その切り口は労使関係、機械産業、武器移転、さらに音楽社会、食文化など多岐にわたる。「合理的でありながら失敗すること」に着目した事例分析を手がかりに、経済と人間に対してどのような洞察が可能なのか。

技術と人間の接点に成り立つ現象は労働です。三十数年にわたって労働が私のメインの研究領域となりました

小野塚先生が専門とされるのは、経済史という分野です。それは時代的に、どこからスタートしているのですか。

経済史の始点をどこに置くかについては大きく二つの考え方があります。市場経済や産業社会が確立して以降の時代を経済史の守備範囲とする考え方と、経済というのは人類の歴史とともにあるという考え方です。たとえばマックス・ウェーバー[1]は古代社会の経済について研究しているから、後者の立場をとっていることになります。

また、経済史は「経済学」の一分野であるとともに、「歴史学」の一分野でもあるので、手法は雑種的です。その対象に応じてさまざまな方法が編み出されてきました。経済史研究者は、ある意味では料理する対象に応じて包丁とか鍋釜、必要であれば他の道具も自分で開発しながら料理を完成させる料理人です。しかも、食材がすごく制約されています。これは歴史研究全般に言えることですが、自分が欲しいデータを明らかにしてくれる史料があるわけではなく、たまたまそれしかない、だからそれを使って何か料理をしなければいけないという状況が一般的です。よほど道具や調理方法を工夫しないと、ろくな料理ができないのです。

その制約された中で、ご自身はどのような対象を選ばれたのですか。

大学で最初に興味を持ったのが技術と人間の接点でした。当時は技術史や技術論の勉強がしたいと思っていました。しかし実際に調べてみると、技術史や技術論はものすごく思弁的で抽象的な議論が多いことが分かったんです。日本には技術論に関しては長い論争の歴史があって、哲学、経済学、工学がそれぞれの立場から技術を論じていました。ボイラーの研究で有名な石谷清幹《いしがやせいかん》[2]という研究者などはとてもいい著作を残していて、学生時代に読みました。ただ、やはり当時の技術論は抽象的でした。「技術の本質は何か」という問いに対して、技術とは「労働手段の物的な体系」とする手段体系説と、技術とは「生産的実践における客観的法則性の意識的適用」とする意識的適用説が対立していたりして、少し勉強したんですが、こうした抽象的な道具では歴史研究はできないなと思ってやめました。

こうした議論では、問題に直接に踏み込むのは難しい。では「技術と人間の接点に成り立っている現象は何か」と問い直すと、それは労働なんです。こうして労働史をやろうというので、以後三十数年にわたって私のメインの研究領域となりました。

労働史と言ってもさまざまですが、それは労働組合に関する研究が中心なのでしょうか。

私が勉強を始めた一九七〇年代頃は、まだ労働史という言葉も確立していませんでした。当時はおっしゃるように労働組合の運動史が中心で、特に先進国イギリスの労働組合運動の栄光を語るような研究や本がたくさん出されていました。私もそういうところから勉強を始めたわけですが、直ちに気づいたことは、従来の研究が労働組合の闘争の歴史ばかりだということ。人間が働いているという具体的な事象が、そうした研究から本当に分かるのだろう

1　マックス・ウェーバー…一八六四—一九二〇年。ドイツの社会学者。経済史家。近代社会科学の方法論の確立者であるとともに、宗教と社会との関係を論じた第一人者。著書に『プロテスタンティズムの倫理と資本主義の精神』など。

2　石谷清幹…一九一七—二〇一一年。機械工学者。蒸気工学、ボイラーの研究で知られ、船舶などの安全工学に力をそそいだ。著書に『工学概論』『エネルギー政策の転換』など。

かと素朴に疑いました。

人々はどのような労使関係の中で働いてきたのか。そういう研究をしなければならないと思いました。そこで労働組合史でも労働運動史でもない、労使関係史の研究を始めたんです。労使関係史は労働者と使用者の歴史ですから、労使双方を同じように見ていかないと研究は成り立ちません。ところが、やはり当時の水準は、労使関係史と言いながらどうしても労働者側に偏った研究が多く、私が大学院を出る頃には明らかに限界が見え始めていたんです。労働者側に関しては、大体のデータが揃ってしまったという感じです。

しかし、そこで目を転じてみると、使用者側の史料は探せばいくらでもあることが分かりました。私がフィールドとしていたイギリスでは、労使関係というのは「労働組合」と「使用者団体」の関係なんですよ。その二つの「団体」の関係がすべての基盤になっていたんですね。

イギリスでは使用者側が個人ではなく、団体を作っていたわけですね。

業種別に使用者団体を作っていました。そこではそれぞれの業種別に賃金相場などが決められて、抜け駆けして相場よりも高い賃金で労働者を引き寄せようとすると、それはルール違反と言われました。日本では企業別の労使関係が基盤にあって、経営者団体は企業間の平準化や調整のメカニズムとして機能していますね。企業別である点がイギリスとは少し違います。

労使関係はきわめて政治的な問題ですから、同時代の政治や労使関係の状況に研究者は影響を受けてしまうことはないんですか。

そうですね。労働法や労使関係の研究は同時代の空気に引っ張られて、こっちに動いたりあっちに振れたりします。だから、その国のその時代の社会の個性を摑むまで、かなり奥深く入り込んでみないと本当に分かったことにはならない。その意味では外国人は入っていきにくい分野なのだと思います。その国の言語から法律、制度、慣習までひと通り分からないと、労使関係の文献を読んでもほとんどお手上げです。言語も独特の言い回しや隠語が分かるようにならないと研究できず、暗黙の慣行についても分かっていないと史料の文章を正確に理解することはできません。

私もイギリスについてひと通り分かるようになるのに一〇年はかかりました。そのため、私一人で日本もアメリカもイギリスもドイツもフランスもイタリアも研究して、それらの国家間の比較をするというようなことは難しい。実際には、それぞれの国の人たちと共同研究をして比較をするという手法をとります。

しかし一方で、日本にはヨーロッパ諸国の労使関係を研究する人がたくさんいるのです。日本にいる我々は、ヨーロッパの政治状況や国民感情などとは少し離れたところから現地の状況を把握して、相対化しながら研究できます。そういう点で面白い研究ができるわけです。したがって、非常に特殊な外国研究の蓄積を日本は持っているんですね。他の国にはちょっとないような環境が日本にはあるのです。

そうした日本における外国研究の特徴は他の分野にもあると思うのですが、その場合、日本人による研究が発表されるのは現地が多いのですか、それとも日本が多いのでしょうか。

外国の労働史や労働問題の研究は、ほとんどの人が日本で日本語によって発表してきていると思います。私の恩師たちを含めて、外国の労働問題を研究する目的は、日本の人々に対して「外国ではこうなっているんですよ」ということを知ってもらうためなんですね。そうすると外国語で書いたのでは読みづらいので、日本人に向けて日本語で書くというのが、日本における外国研究の標準的な方法となるわけです。

一方で、ヨーロッパの現地の雑誌に論文を載せようとする場合には、現地の研究の流行り廃りを意識しないと評価してもらえません。そうなると課題設定の仕方や研究の意義づけをその社会のトレンドに合わせる必要が出てきます。

このように歴史研究や外国研究には、誰を相手に語るかによって同じ対象を扱っても違う議論となる可能性があるんですね。どこで誰が研究しても同じ結論が導き出されるという再現可能性は、必ずしも保証されない世界です。水の沸点は日本で測ってもイギリスで測っても、一気圧のもとでは百度になるというような普遍的な議論を外国研究でしようと思っても無理があるのです。

合理的な選択を積み重ねながら失敗に突き進んでしまう事例を知ることは、重要ではないでしょうか

東大EMPでは「失敗の合理的背景」というテーマで講義をされています。これについて少しお話いただけますか。

通常、正しいことをやれば上手くいくはずで、失敗するのは何か間違ったことをやったからだと我々は考えがちです。経験的にそう感じることは多く、たしかに正しいことをやって上手くいっている事例と、間違ったことをやって失敗してしまった事例はたくさんありま

す。

ただ、もし本当にそれだけなら、常に正しいことをやっていれば失敗することはないですね。よほど間の抜けた人間でないかぎり、いつも気をつけて合理的に判断し、行動していればほとんど失敗しないことになる。ところが、過去の歴史を振り返ると、合理的に一生懸命やり続けていたのに、気がついたら大失敗に向けて突き進んでいたという事例が明らかに存在します。つまり、合理的な行動だけでは大失敗は回避できないということです。逆に結果は上手くいったけれども、それは合理的に行動したからではなく、何となく結果オーライになってしまっている事例もずいぶんあります。

結果を見てから、その原因を是か非かで判断する発想法を「勝てば官軍、負ければ賊軍史観」と私は言っています。この発想には多分に危険が潜んでいます。世の中、勝った者が必ずしも正しいことをやっていたとは限らないし、負けたからといってその人が必ずしも間違った選択を繰り返してきたとは限らない。少数かもしれないが、合理的な選択を積み重ねながら失敗に突き進んでしまう事例について知ることは、非常に重要なのではないでしょうか。なぜなら、そういう事例は事実存在するし、我々にとって一番怖い事例だからです。にもかかわらず、「勝てば官軍、負ければ賊軍史観」によって、そうした事例は見えにくくされています。

私が立てる問いの一つは、なぜ合理的な行為を積み重ねながら失敗に至るのか、個々のケ

ースにはさまざまな個別の原因があるが、そこから原因論を一般化することはできないかという点です。もう一つは、それらの「合理的でありながら失敗すること」は回避可能なのかという点です。この二つの問いに対して、第一次世界大戦の勃発をめぐる事例と、イギリスの労使関係システムについての事例を挙げて、混迷状況に陥っていった過程における失敗の合理的背景について解説を加えています。

第一次世界大戦の勃発をテーマにした議論は示唆に富んでいました。要するに、当時の世界ではグローバリゼーションすなわち連鎖が進んでいて、各国が緊密な関係を築いていたのに、なぜ戦争に突入していったかということでした。

そうなんです。およそ百年前の世界というのは、ヨーロッパを中心に経済的にきわめて密接な関係の中で大きく発展していました。グローバル化というと二〇世紀末以降の世界情勢として言われていますが、一九世紀末から二〇世紀に突入する時期のグローバル化の程度は一九九〇年代をはるかに上回っていました。ところが、この経済的な発展は一九一四年七月の第一次世界大戦の勃発で突如として断ち切られます。以後二〇世紀末にいたるまで、世界は長い対立と摩擦の時代が続くわけです。

第一次世界大戦の原因は何だったのでしょうか。これについては、実はヨーロッパの歴史研究の世界ではきちんと研究されていないのです。なぜかと言えば、戦後の後始末はベルサイユ条約においてドイツに全責任をかぶせる形で決着がつけられました。そのため戦争の原因を真面目に究明する必要もなく、むしろ究明してはいけないような風潮になっているんです。歴史研究というのは、常にこうして現実の政治や社会のあり方に引きずられる部分があるのです。

しかも、ベルサイユ条約でドイツには厳しい軍備制限が加えられたにもかかわらず、たかだか十数年でドイツは再軍備をして強国となり、その果てに第二次世界大戦を起こします。つまり、ベルサイユ体制は非軍事化に関しては効果がなかったということが、歴史的に証明されてしまっているんです。そういったことも含めて、旧連合国であるイギリスやフランス、そしてベルサイユ講和会議で英仏の暴走を黙認したアメリカは、第一次世界大戦に関するきちんとした歴史研究をしてきませんでした。

一九七〇年代になってようやく新しいタイプの研究が出てくるのですが、それまでの通説といえば、資本主義が高度に発達して過剰な資本蓄積が起こり、さらに生産力が生まれると、それらを吸収してくれる国外市場を必要とする列強諸国が植民地獲得をめぐり対立し、その結果として戦争になったというものでした。つまり、膨張する帝国主義列強間の対立の帰結として第一次世界大戦が起きた。こういうことが古い通説として言われ続けてきたのです。つまり、ホブスンやレーニンの帝国主義に依拠した開戦原因論です。

しかし、この通説では上手く説明できていません。先ほど言ったように、第一次世界大戦の直前まで、イギリスもフランスもロシアもドイツも経済的にはものすごく密接な関係にあって、互いに依存しながら成り立っていたわけで、戦争までして何を求めようとしたのかという疑問が、その原因論からは解けないいんですね。もちろん植民地獲得をめぐって競争や対立があったことは事実ですが、それが直ちに戦争の原因には結びつかないのではないか。戦争しなければ獲得できなかったものがあるとすれば、それは何だったのか。最近の研究が共通に課題としている部分はそこにあります。

当時の状況として、数カ月ぐらい戦ってガス抜きでもしようといった空気もあったと言われていますね。

そうなんです。最近の研究でかなりはっきりしてきたことは、結局、経済的な問題とか通商外交上の問題というのは、実は直接原因にはなっていなかったということです。その証拠に、戦争の発端はヨーロッパの外側で起こったのではなく、オーストリア皇太子夫妻の暗殺というヨーロッパの内側で起こった民族問題を反映した事件になっています。そうすると、植民地獲得競争から戦争が起こったと説明することはやはりできなくなります。むしろ当時のヨーロッパの人々の内側の心理状態のようなところに着目しなければ、第一次世界大戦の本当の原因は見えてこないのではないかということです。

帝国主義の膨張はあったけれども、決定的な対立は平和的な交渉でもって回避され、外交的に解決されているんですね。高校の世界史の教科書などには、ドイツのとった世界戦略を3B政策（ベルリン、ビザンティウム、バグダードの頭文字を合わせたもの）、それを阻止しようとしたイギリスの戦略を3C政策（カイロ、カルカッタ、ケープタウンの頭文字を合わせたもの）といって、世界地図上の三つの点を結んで地政学的に衝突したといった議論が書かれていますが、実際にそれらの場所で戦争が始まっているのかといえばそんな事実はないのであって、これは話を分かりやすくするためにでっち上げた議論です。

さらにもっと直接的な反証を挙げると、ドイツはもともとそれほど多くの植民地を持っていなかったのですが、中国山東省を植民地にした際に、その経営をどのように考えたかというと、香港をモデルとして青島を自由貿易港にすることで繁栄させようとしたのです。単にドイツ製品を売りさばく国外市場として、山東省の植民地を経営しようとしていたわけではありません。そのような開かれた植民地のあり方を、ドイツは発想として持っていたんです。ですから、イギリス、フランスに対抗してドイツが出張っていって、その結果、戦争になったということは考えにくい。双方に戦争をやらないと解決できないような問題がどこにあったかというのは、いくら探しても出てこないんです。

従来の説には、それだけの矛盾点があるということですね。

実際に開戦決定に至るのは、一九一四年七月から八月初めにかけての本当に一カ月の間のことなんです。これを端的に説明するのはなかなか難しいのですが、まず理解しなければならないのは、ナショナリズムの政治利用が第一次世界大戦前のヨーロッパ諸国では多かれ少なかれ行われてきたということです。

ナショナリズムを簡単に言えば、国内の対立や矛盾から国民の目をそらすために、国外に敵を捏造して、それが自分たちの国益を脅かしていると思う心理的な傾向です。さらに国内にも国外の敵と内通する裏切り者がいるといって、自分たちは被害者なのだという意識を煽り、その内部の見えない敵に対して一丸となって戦おうと統合をはかる。外敵と内なる裏切り者への脅威と憎悪、これでナショナリズムは完璧になります。

このような民衆の心理状態を、当時のヨーロッパの国々は政治的に利用していました。一九世紀末くらいまでには、どの国も程度の差こそあれ議会制民主主義が台頭してきて、国民世論が明瞭に出てきていました。そこで、それ以前の絶対王政の統治下では必要のなかった民意の統合が、政権維持にとって重要課題となってきました。

国内に渦巻く複数利害の対立を隠し、国益に国民の関心を統合するための手段として、ナショナリズムは合理的かつ効果的な手段であったのです。特に、国際分業が進展すればどの国にも必ず衰退する産業や地域が発生しますが、全体として繁栄する中で取り残された衰退に対しては、民主主義的な社会では何らかの説明や解釈が必要とされます。一つの解釈は社会主義運動の側から提供された、資本主義の根本的矛盾や全般的窮乏化という考え方ですが、皆がこれに同意したら革命が起きてしまいますから、これに対抗して、外敵に原因を求めるナショナリズムの側から衰退の説明が必要だったのです。たとえば、ドイツの経済的侵略によってイギリスの利益が蝕まれているから、イギリスは保護主義に転換しなければならない、という公正貿易運動は二〇世紀初頭におけるナショナリズムの経済的表現です。ここで「国益」とは、外敵と内なる敵を暴く者が人気を博すといった政治力学のうえに構築されたものですが、たとえば富の増進のような実体的利益を必ずしもともなうことなく成立する虚構でした。

ナショナリズムに依拠すれば、国内の諸利害対立を隠蔽しながら、国民を誘導することができる

外敵と内なる裏切り者への脅威を促すという仕組みがあるわけですね。ただし、当時の民

衆の多くには、そうした難しい理屈など分からないのではないでしょうか。

その通りで、新聞にそういう論調が載っても、まじめに読む人などたいしていません。いまもそうかもしれませんが、むしろ大事なのは歌や演芸によって、そういう風潮を撒き散らすことです。当時のイギリスでいえば、ミュージックホールですね。あるいは子どものうちからそういう思想を植えつけることです。

たとえば「ジャックと豆の木」という昔話がありますが、あれは明らかに、外国人がイングランドの利益を損なっている、というイメージを子どもたちに植えつけるための話です。

非常に単純な話で、母親と二人暮らしのジャックという男の子が、牛を売りに市場に行く途中でおじいさんに出会い、「幸運を呼ぶ魔法の豆」とその牛を交換してしまう。母親は怒ってその豆を庭に投げ捨てるのですが、翌朝目を覚ますと大きな豆の木が雲の上まで伸びていた。ジャックがその巨木を登っていくと雲の上には大男の城があり、城に忍び込むと大男の奥さんに見つかって「ここは怖ろしい人食い大男の城だから、早く家に帰りなさい」と言われる。そこへ大男が帰ってきて「イングランド人の子どもの美味そうな匂いがするぞ」と言うわけです。ジャックはあわてて台所のかまどに隠れて大男が眠ったすきに逃げるのですが、そのときに城から金貨を盗んで帰るんです。母親は大喜びし、これに味をしめたジャックは次に「金の卵を産むニワトリ」を盗み、さらに欲を出して「歌う金の竪琴」を盗もうとしたとき、竪琴が鳴り出して大男に見つかってしまいます。大男はジャックを追いかけて豆の木を降りてくるのですが、ジャックは地上に着くやいなや斧で巨木を切り倒し、大男は地面に落ちて死んでしまいます。大男も退治できて、たくさんの財宝を手にしたジャックは、かわいいお嫁さんをもらい母親と三人で幸せに暮らした、という話です。

じつに奇妙な話ですよね。ジャックという少年は勝手に人の家に忍び込む。いわば住居不法侵入です。そして侵入するたびに盗みを繰り返します。最後には殺人まで犯す。これはどう考えてもイギリスのような法治国家では罪を犯す悪い少年で、きちんとした裁きを受けて然るべきなんです。ところがジャックは勇敢な少年として、まるで英雄のように語られる。その背後にあるのは、大男がイングランド人の子どもを食う極悪の存在であるという風説です。つまり、イングランド人の子どもという宝を食う悪い魔物がどうも異界にはいるらしい。そういう噂やイメージだけで、住居不法侵入も窃盗も殺人も正当化されてしまうわけです。

そうやってナショナリズムを煽るのですね。

全く同型の話が、同じ時期の一九世紀末に日本でも登場します。それが「桃太郎」です。巌谷《いわや》小波《さざなみ》[3]により一八九〇年代に「日本昔話」としてまとめられたものが語り伝えられ、明治期に国定教科書に採用されます。「ジャックと豆の木」と「桃太郎」の違いは一つで、個人主義のイギリスのジャックは一人で行動しますが、集団主義の日本の桃太郎は子分を引き連れて集団で行動するという点です。要するに、異界（＝外国）には怖ろしい人食いの鬼や大男がいて、人里（＝国内）に来て人々を困らせたり苦しめたりするという話です。

このように、政治家にとっては国内の矛盾や対立を解決する可能性が見出せないときに、ナショナリズムは合理的な手段、すなわち最も手っ取り早い抜け道になります。ナショナリズムに依拠すれば、当面は国内の諸利害対立を隠蔽しながら、特定の方向に国民を誘導して統合を達成することができるわけです。

第一次世界大戦の前、どの国も多かれ少なかれ、社会的には労働運動や社会主義運動の過激化とか、産業的に農業の衰退といった国内問題を抱えています。それらはそう簡単に解決できるものではないため、結局ナショナリズムを利用するという方向に追い詰められていく。外敵を前にして城内平和を追求するわけです。

「ジャックと豆の木」では、外国というと具体的にはどこになるのですか。

その時々の政治状況の中で、鬼に投影される国が決まってきます。一九世紀後半のイギリスの一般大衆にとって一番怖いのはロシアというか、漠然と中欧・東欧あたりでしょうね。

それから急速にのし上がってきたドイツ、かたやずっとイギリスと争ってきた大国フランス、この三つが外敵ですね。ところが、一九世紀末までにフランスとの関係はかなり仲良くなって、一九〇四年に英仏協商が結ばれます。後にそこにロシアが加わって三国協商となります。そうするとやはり外敵はドイツに絞り込まれていきます。このように同盟外交は外敵を鮮明にあぶり出す作用をしますが、民衆の敵愾心や対外恐怖心を育てたのは被害者意識のナショナリズムです。

ただ、そのように合理的に判断してナショナリズムを利用しようとしたことが裏目に出るというわけですね。では何を読み間違えたのでしょうか。

一つは、戦争はせいぜい半年で終わると考えたことでしょう。もう一つは、経済的な相互依存関係は壊れないと高をくくっていたことですね。当時の政治家たちには、本格的な戦争がどのようなものになるのかをイメージできなかった。非常に貧しい戦争イメージしか持っていなかったのです。考えてみれば当然で、ヨーロッパを舞台にした大きな戦争は、ナポレオン戦争以降ほとんどないですからね。実体験があまりにも乏しかったのです。第一次世界

3 巌谷小波…一八七〇—一九三三年。作家。児童文学者。児童向け雑誌や、「日本昔話」「日本お伽噺」「世界お伽噺」などの叢書を発刊した。有名な「桃太郎」や「花咲爺」などの民話や英雄譚の多くは彼の手によって再生された。

大戦には、魚雷・潜水艦、飛行機や戦車といった新兵器が投入され、機関銃や毒ガスで大量の殺戮が行われます。鉄道輸送も戦争をより大規模にしました。

こうした状況は全く読み切れていなかったということです。その結果、合理的判断として利用したはずだったナショナリズムが暴走を始めて、政治がコントロールできないくらいに肥大化してしまったのです。政治の道具だったはずが、いつの間にか政治家がナショナリストの声に押されるようになっていきます。国民の大多数が、ドイツに一発ガツンと言わなかったらもう気持ちが収まらないと思っているときに、和平のために妥協するなんて選択をしたら、それこそ政治生命が終わるかもしれません。自分の道具が自己増殖して、その道具に今度は自分が操られるようになってしまったんですね。

「失敗の合理的背景」には、ある種の基本的な要素がありそうですね。それが分かれば、想定外の事態に対処するための備えもできるかもしれません。

要素としては、目的と手段の関係が合理的に成立しているということです。国民国家の統合という目的があって、そのための手段としてナショナリズムの利用が考えられた。ただ、こうしていったん目的＝手段という関係の合理性が成立してしまうと、そこで想定しなかったことは見えなくなっていきます。目的が想定していないことに、常に落とし穴が潜んでいる可能性があるわけです。

それを回避するには、そういう場合でも誰かが想定されていない可能性について言い続ける。そういう勢力が確固として存在していれば、失敗は避けられるかもしれません。第一次世界大戦前では、二種類の反戦主義者がヨーロッパの多くの国にいました。一つは社会主義的な反戦主義者、もう一つは自由主義的な反戦平和運動です。ただし両者ともに、ナショナリズムを手段にして国内を統合しようとする動きに対して、ブレーキとなるには弱かったんですね。社会主義系の人々にとって、最大の矛盾はあくまで資本家対労働者という対立であって、国家間の対立などは嘘だといって国際連帯を唱えました。一方、自由主義系の人々は、自由貿易こそ相互の利益につながるのだから、それを阻止するようなナショナリズム同士の対抗は間違っていると唱えました。とはいえ、結局どちらもナショナリズムの力に抗えなくなり戦争容認になっていきました。

こうして起こった第一次世界大戦は、対立、戦争、混乱、貧困の時代としての二〇世紀の始点となっていくわけです。その意味では、第一次世界大戦を「世界史上最大の失敗」と捉えることもできます。

イギリス産業はなぜ衰退したのか。経営者こそが産業の盛衰を決定する最大の責任者と考えた

同様の「失敗の合理的背景」が、イギリスの労使関係史の中にも見出されるという事例も講義で紹介されました。そちらはどういうことでしょうか。

そこでは、イギリス産業はなぜ衰退したのかをテーマに、「失敗の合理的背景」を考えてみました。

イギリスは世界で最初の産業革命を成し遂げ、「世界の工場」そして「産業社会として先進社会」のモデルであり続けてきました。この産業的なイギリスを支えたのは、錚々たる企業家、経営者、技術者、職人たちであったのですが、第二次世界大戦後のイギリスは産業衰退が著しく、いまや見る影もありません。この点でイギリスは先進国の中で特異なのですが、他国よりも先を走り過ぎた事例なのかもしれません。この失敗の原因を「政策」ではなく、産業の担い手としての「経営者」に注目して考察しました。経営者こそが産業の盛衰を

決定する最大の責任者と考えて、経営主体および彼らを取り巻いた関係に注目して、何がイノベーションを阻んだかを考察したわけです。

イギリス産業の衰退は、俗説では「強すぎる労働組合」という外的制約がイノベーションを阻む元凶とされてきたので、その点に注目して経営者がどのように失敗したかを解明しました。それとあわせて、生産性とインフレ、政策、非産業的文化といった他の原因論にも論及しました。

先ほどお話したように、イギリスには労働組合と使用者団体があります。これらは労働者と使用者の間に発生したさまざまな問題や紛争を解決するために、企業の外側に作られた団体的労使関係の仕組みと言えます。

そもそもは「賃上げ」と引き換えに「出来高賃金」を受容する労働者や、他企業の労働者を横取りする経営者といった機会主義的な行動をとる人を規制するために結成された団体で、その団体間で賃率、時間などの労働条件が決定されるようになります。それに加えて、企業内的な問題もすべて企業外のこの団体による労使関係の手続きにしたがって解決されるようになり、イギリスでは一九世紀末から二〇世紀初頭にかけてこの仕組みが整えられ、発達していきました。

この仕組みは、安定的な労使関係を追求する点では、一定の効果を発揮しました。しかしその結果、何が起こったかというと、安定した労使関係の構造を壊すおそれのある技術革新やイノベーションが使用者側の団体によって阻止される、という事態だったのです。イギリスでは、こうした状況が一九六〇年代まで続きます。

「企業戦略（コーポレート・ストラテジー）」という表現がアメリカで使われるようになったのが一九六〇年代ですが、ちょうどその頃にはイギリスでは経営革新が経営者自らによって抑え込まれるような形になってしまっていたということですね。

そこで、それではいけないというので六〇年代後半から七〇年代中葉にかけて、経営者の責任を明確にするための画策がさまざまに行われるのですが、上手くいきませんでした。労使関係制度の混迷の原因を探るものすごく大がかりな調査が行われたり、法整備も試みられたのですが、肝心の経営者がそれに乗らずにことごとく失敗しています。団体任せの労使関係ではなく、それぞれの企業が、経営者の責任において革新、効率化、生産性向上を行っていかなければならないという当たり前のことが、当時の経営者には意識されていなかったんですね。要するに、責任をもって経営を行ってなどいなかったんです。

このようにして出来上がった制度の中で、ある目的を達成しようとしたときに、合理的に選択しうる手段はその制度によって制約されます。私の説では、団体的労使関係の原型は一八三〇年代にグラスゴーの機械産業でそのような仕組みが作られているんです。ということは、一九六〇年代までにはおよそ百数十年間にわたって続いてきた仕組みなのです。この牢固とした制度の最高の目的が労使紛争を未然に防止することであり、その仕組みの中で経営者も行動せざるを得ないとすれば、経営権は使用者団体に制約され、その承認する条件のもとでしか行使できないことになります。経営者がやる気や才覚を発揮しようにも、団体的な制約が常につきまとうようになり、イノベーションに対しては抑圧がかかり、結局は萎縮あるいは退廃した経営が生まれてしまうのです。

経済学者としてできるのは、「市場を自由にしておくのが最も効率的である」という説が本当かに答えること

その観点から一九八〇年代の日本のバブル経済を見るとどうなるのでしょうか。バブル崩壊後たくさんのバブルに関する本が出ましたね。ほとんどが経済学者によるもので、バブル批判の内容でした。

ここで疑問が湧いてくるんですね。どれもバブルが終わった後にそのプロセスを振り返って分析しているわけです。たとえば、「点が二つあって、昔はここ、いまはここ、だからこ

の方向に行く」というのでなく、「点がここという一つだけで、方向を決めなければならない」というときにどのように先を見通せばよいのか。これについて指針を示すのが、経済学者の役割なのではないかと思うのですが。

その疑問については、二通りの考え方があると思います。経済学者はバブルがはじける前は、基本的になるべく市場の秩序に任せるべきで、人為的な介入や統制は非効率や混乱を引き起こすのでやらないほうがいいと言っていました。労働組合もなるべく何もしないほうがいいということでした。その議論を貫けば、市場において価格が高騰してドスンと落ちるのはなるべくしてなるのであって、バブルが起ころうが、その後に経済が冷え込もうが市場の秩序に任せるというのなら徹底的に市場に従うしかないということになります。少なくともバブルがはじける前までは、ほとんどの経済学者はこのような見方をしていたのではないでしょうか。

しかし、いったんバブルが崩壊して世の中が大騒ぎになると、あれだけ冷めたことを言っていた経済学者が今度はこぞって宗旨変えしてしまい、「市場はやはり暴走する、暴走を止めなければいけない、規制が必要だ、高い倫理が必要だ」と言いはじめた。市場を外側から監視したり制限したりする条件をあれこれつけるようになったわけです。市場の自由はどこへ行ってしまったのかってことですね。学問的に首尾一貫していないと言われても仕方ないと思います。

一方で、バブルが終わった後にそのプロセスを分析した中に、建築史家が書いた本[4]があって、これは「バブル期の建築を批判する人は多いが、実は将来に評価される遺産になるだろう」と言っています。個人的にはバブルを経て日本の建築は垢抜けしたのであり、あれは洗練のプロセスであったと思っています。

この建築史家の本にもあるように、建築はバブル期の贅沢極まりない作品の反省をしながらも、そのとき獲得したデザイン手法をもとに新たな洗練に向かっていったわけです。経済には、バブルの酷い経験を通して一皮むけるといったことはなかったのでしょうか。

そういう経験を通して経済現象が洗練に向かったかというと、それはないですね。日本経済が一九八〇年代のバブルを体験して抜け出した方向は、株主価値追求の企業経営という方向でした。しかしそれは日本経済が一皮むけて洗練されたというわけではありません。つまり、バブルを起こすような行動を事前にチェックできる仕組みに昇華したり、そういう思想を醸成したりというようにはなっていないということです。そこには経済と建築の決定的な違いがあるように思います。

建築にはスタイルや美的な価値を求めるといった芸術性がありますが、市場にはそういったものはなく、市場でバブルが起こるのも他の問題が起こるのもすべては人間の物欲によるものです。「際限のない欲望」と私は言っているんですが。

もちろん建築において芸術性を追求する背景にも人間的な欲望はあると思います。もっと有名になりたいとか、もっと売れるようになりたいといった欲望です。しかし建築の世界では、そうした名誉欲がアイデアに転換され、作品として昇華されるプロセスがあります。ところが経済の場合には、際限のない欲望が直接的に市場を動かしています。価格上昇の期待があれば、そこに突っ込んでいく、市場のメカニズムはこれに尽きます。これはある意味必然で、やめさせるのはきわめて難しい。倫理や道徳を持ち込んでも、「際限のない欲望」が存在するかぎり、暴走を抑え込むことはできないでしょう。経済現象はバブル以前からバブル崩壊後まで同じ欲望のもとに動いていますから、痛い目にあって大変な思いを経験しても、何年かして価格が上がり始めたら、またみんなそこに突っ込んでいきます。建築はバブルを経験して、洗練とか垢抜けの方向に進んだといった現象があるわけですが、それと同じようなことは経済現象に関してはないでしょう。

とてもまずい時代になっていると思うのは、日本には個人金融資産が一五〇〇兆円、加え

4　建築史家が書いた本…『ニッポンバブル遺産建築100』文・橋爪紳也著、写真・稲村不二雄、NTT出版、一九九九年。

て個人の非金融資産も一五〇〇兆円という巨大な金があることです。これらは使わないから貯まっていって相続されていきます。ただ、高齢化時代ですから、たとえば九五歳で親が亡くなると子どもは六五歳です。その年齢ではもう買いたいものなどないから消費に回らず、結局運用に回っていきます。

こうして資産は世界的にだぶついてくる。すると先ほどの「際限のない欲望」を一部の人が持つだけで、どのようにもできてしまいますね。いま、世界中の金持ちがミニバブルを求めて、欲望の矛先を探しまくっている状態です。こういうときに、経済史を専門とする立場から、経済史観としてこういう方向があるのではないかと示すことはできないのでしょうか。

経済学者としてできることはいろいろあるでしょうが、その一つとして、「市場を自由にしておくのが最も効率的である」という市場原理主義的な説が本当にそうなのかという問いを立て、それにきちんと答えることです。これはまだ証明されておらず、経験則としても定まっているわけではありません。介入したほうが上手くいくという議論もあるかたわら、国際通貨基金（ＩＭＦ）などは金融危機が起きるたびに自由化が足りないというレポートを書くわけです。

ただ、ここまで来るともうほとんど信仰の世界ですね。市場の神様に手を触れてはいけないと考えるのか、市場はやはり人間がコントロールしなければならないと考えるのか、どちらの思想に寄って立つのかという問題です。だから経済学者はどちらがいいのかという問いに答えられないのです。

私は社会システム・アーキテクトとして医療システムのデザインについて長年取り組んでいるのですが、保険者（Payer）、医者（Provider）、患者（Patient）の三者間になんとかして自己規律が働く仕組みを作るというのが最大のチャレンジなんです。

そういう議論をすると、ビジネスの世界の人は決まって「市場メカニズムに任せればいい」と言うんですね。「自己規律が働かないのは市場原理が働いていないから、だから市場原理を入れれば上手くいく」などと「問題の裏返し」が答えであるように言うのですが、私はそうではない答えを探しています。

たしかにそれぞれが自己規律を持って関係性を築いていければ理想ですが、現代社会を生きる人々の中で自己規律を支える人間的な基礎はどこにあるのでしょうか。人間的な基礎はやはり「際限のない欲望」であり、そうであるかぎり自己規律に期待するのは難しいと思います。

先ほどの経済学者と建築家の話でいえば、建築家が建築物を美的な価値観でデザインしたり作り変えたりするように、経済学者が市場を上手くデザインしたり作り変えたりすることはできないということです。経済学者はそういう意味で建築家にはなれない。ですから市民運動家や思想家が「市場の建築家」となって、いまの市場経済のあり方を作り変えるしかないと思っています。新しい時代のアーキテクチャーに期待せざるを得ないのではないでしょうか。

知とデザイン5――「新しい無知」の認識

小野塚先生の専門である経済史も含めて、経済学一般に対して私たちは素人なりの疑問をいくつか持っている。たとえば、バブル経済への賢い対応に関してである。バブルを過去何度か経験したのだから、バブルの発生を抑える知恵をそろそろ身に付けることができないのかと多くの人が感じている。

しかし、我々は常に、過去には経験したことのない新しいバブルに突入するようだ。一七世紀にオランダで起きたチューリップ・バブルに対する知恵を、現代の我々は身に付けていたのかもしれないが、一九九〇年代後半のネット・バブルに突っ込んでいかない知恵はなかったようだ。ということは、これから出現するであろう全く新しいタイプのバブルに対しては、常に無知という状況に置かれているといってよい。

この疑問を小野塚先生に投げかけてみた。経済活動への参加者、すなわち我々の無知という問題を経済学はどう扱うのかということである。「情報の非対称性」がノーベル経済学賞の対象になるほどのテーマであれば、「そういう情報を手に入れても理解できない」あるいは「そういう情報が状況判断のために必要であることすら知らない」という無知も経済学的な課題、とりわけ経済史的な課題なのではないのだろうか。

第一次世界大戦をめぐっては、当時の政治家における無知があった。その戦争が一九世紀に経験した普仏戦争とは大きく異なることに対する無知があり、さらに国家や地域の間の経済連鎖が国家経済に与える影響に対する無知もあった。この二つが重なって、二〇世紀という戦争に明け暮れた時代の発端は作られたというのが小野塚先生の指摘だと理解した。

当時、ヨーロッパ諸国の間で行われていた貿易の相互依存関係は、現代の状況と比べてみても想像以上に進展していた。この国家間の連鎖がもたらす恩恵は各国経済にとって大変重要であったにもかかわらず、それを崩壊させるような戦争に突入してしまったのだ。それは政治家だけでなく、各分野のリーダーの無知ゆえに、「国家間の相互依存関係の維持」のほうが「国内の社会的不満に対するガス抜き」よりよほど重要度が高いという認識が薄かったということであろう。まだ、連鎖をその本質とする「グローバリズム」「グローバリゼーション」という表現も存在しなかった。そういう概念を知って経済社会の現象を眺め、その特質を理解するということを当時の政治家はできなかったのである。

しかし、現代もまた新しい無知に直面していると言える。グローバリズムという地域の連鎖だけでなく、多様な分野の連鎖も進行している。インターネットの出現はそれほど昔ではないにもかかわらず、いろいろな分野を結びつけて飲み込み始めている。その結果、複雑さはいっそう増して、スピードも加速している。すなわち、我々は常に新しい無知という状況に置かれている。

かつて東京大学都市工学科の某教授が、退官記念講演で語られたことが印象的だった。都市計画家はもはや都市のマスタープランを作ることができない。その理由は、都市という複雑な疑似有機体が包含している多様な社会経済活動をすべて理解することが不可能だから、ということであった。たしかに、都市計画家が都市の重要なサブシステムである企業活動の多様性を知り尽くしているということはあり得ない。言い換えれば、多種多様なサブシステムの相互作用で成り立っている都市というダイナミック・システムを理解することは人間の能力を超えており、ましてそれをデザインすることは不可能だということだ。

同様に、経済というより大きなダイナミック・システムに対して、マクロ経済学者は実はマクロ経済しか知らないということになっていないだろうか。すべての問題をマクロ経済学的な手法で解決しようとすることは、「あなたの持っている道具が金槌だけならば、すべての問題が釘に見えてくる」という状況に陥っていないのだろうか。誰かこの疑問に答えて欲しいものである。小野塚先生の語られる「失敗の合理的背景」の一部に、このようなことが関わっているのかもしれない。

さらに抱いている疑問は、経済学での数学の使い方に関するものである。ある数学者の指摘を聞いたことがある。すなわち、無限大を排除しない数式とか、時間軸と無関係に成り立つ数式を経済現象に使うのはおかしいのではないのかということである。現実の経済生活には無限大はないのだし、時間は常に過去から未来に向かって流れるからだ。

経済学というのはダイナミック・システムしての経済現象をある区間の範囲に限り、それを数式で近似しているのだろうと思う。もしそうであれば、「どこからどこまでの区間であれば、この数式で近似できる」ということを明確にすべきではないのだろうか。その近似式が成り立つ境界を近年のいくつかのバブルは超えてしまったのではないのかというのが私の見方である。

ちなみに、流体力学も近似式を使う。とはいえ、このような物理科学の世界では現象が時代によって変化することはないから近似式が変わることはない。しかし、人間活動である経済現象は変化することがあり得る。少なくとも扱うべきパラメーターは増えているというのが素人である私の仮説である。

（横山禎徳）

一番面白い結果は、
セレンディピティから出てくることが多い。
それが新しい研究テーマにつながる

井上将行
東京大学大学院薬学系研究科教授／有機合成化学

失敗をオリジナリティにつなげる戦略

Masayuki Inoue

東京大学大学院薬学系研究科教授／1971 年生まれ．東京大学理学部卒業．東京大学大学院理学系研究科博士課程修了．博士（理学）取得．Sloan-Kettering Institute for Cancer Research 博士研究員，東北大学大学院理学研究科助教授などを経て現職．／専門は有機合成化学．「生物活性天然物の全合成から展開する科学」を研究テーマとする．医薬や生物機能制御物質として天然物を応用するには，その三次元的原子配列を完全に再現（全合成）する必要がある．その全合成のための反応・合成法・戦略の開発に取り組む．／2004 年度 Merck Banyu Lectureship Award，2004 年度日本化学会進歩賞，Thieme Journal Award 2005, Novartis Chemistry Lectureship 2008/2009，2008 年度日本学術振興会賞，2014 年度 Mukaiyama Award など受賞多数．

化学によって薬を創るには、その物質の原子配列を完全に再現しなければならない。この困難がともなうプロセスに天然物を応用するという手段で挑戦し、その合成法の開発に取り組む。Novartis Chemistry Lectureshipなど、海外からも数々の受賞を受ける研究者は、どのような方法論をもつのか。

分子の構造式は、僕らにとっては言語です。分子の結合の仕方にも文法がある

井上先生は創薬に関わる分野として、有機化学を研究されています。私は告白すると、高校時代に化学は好きではありませんでした。試験のときだけ一夜漬けで詰め込んで、答案用紙にバアッと吐き出して、終われば忘れてしまうということを繰り返していました。

そういう人は多いと思います。同じことは、小学校時代の漢字の勉強などにも言えるのではないでしょうか。最初は拒絶反応を覚えつつも、理解できるようになるにつれて親近感が湧いてくるという感覚はあると思います。最初の壁は高いけれども、それを越えてしまえば

分かりやすくなって、馴染んでくるという感覚かもしれませんね。

化学は、新しい言語を学ぶ覚悟がないとできません。化学と物理学を比べて一番に思うことは、化学には前提条件がものすごく多いということです。高校レベルでもその差は明らかです。教科書を見ると分かるのですが、物理学では重要な式は一個か二個くらいしか出てこないのに、化学では「AはBと混ぜると沈殿する」とか「BはCと混ぜると変な反応が起こる」とか、そういった類のことがそれこそたくさん出てきます。総知識量、総単語量が多いのが化学の特徴です。

ですから、東大EMPで講義するのもかなり難しい。たとえば、講義の中でたくさん出てくる分子の構造式は、僕らにとっては言語です。その言語を相手が全く知らない場合は、まず基本的なルールから教えなければなりません。分子の結合の仕方にも文法があるので、それを覚えなければなりません。そういうことを相手に伝えるにはどうするかといつも悩むのです。

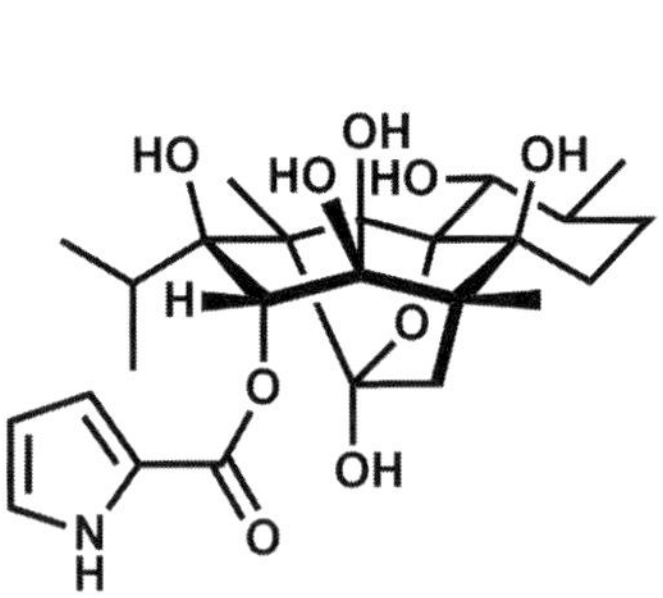

全合成を目指している分子の構造式

僕の場合は、最初に薬の構造式を出して、これは皆さんにとって新しい言語であって、これがルールですというふうに始めています。そのうえで、とっかかりとしては、サイエンスの世界ではノーベル賞が最もインパクトがあるので、ノーベル化学賞を受賞された田中耕一[1]さん、根岸栄一[2]さん、鈴木章[3]さんの話をして、受講生の皆さんがニュースなどの記憶から何となく頭の中にイメージしていることと、僕の専門分野のことがなるべく上手くリンクするような形に構成するという方法をとっています。

受講生の理解のレベルには幅があるので、いくつかのレイヤーを準備しています。二、三人の専門的なことが分かる人たちから、こういう化学式などを見るとアレルギーを起こしてしまいそうな人たちまで、どこかで自分の知識や経験とリンクするように、基本的なレイヤーから専門的なレイヤーまでを準備します。そして最後には、「新しい言語でよく分からないけれども、この言語は人間の役に立っています」的なことが言えるようになっていただきたいと、なるべくそうできるように授業の内容を組み立てていきます。

1　田中耕一……一九五九年─。化学者・エンジニア。生体高分子の質量分析法のための「脱離イオン化法」の開発を評価されて、二〇〇二年にノーベル化学賞を受賞。
2　根岸栄一……一九三五年─。化学者。有機合成におけるパラジウム触媒のクロスカップリング（二つの化学物質を選択的に結合させる反応）の業績で、鈴木章、リチャード・ヘックとともに二〇一〇年ノーベル化学賞を受賞。
3　鈴木章……一九三〇年─。化学者。パラジウム触媒のクロスカップリングの業績で、根岸栄一、リチャード・ヘックとともに二〇一〇年ノーベル化学賞を受賞。

自分の能力を試したいという気持ちは、研究を続けるうえで最大のドライブである

化学という分野は、その内容をビジュアル化することも難しいですね。

たしかにビジュアル化は難しい。たとえば、物質の構造を示すために構造式を描きますが、これは本当の分子の性質とは関係ないものです。分子模型もそれ自体はプラスチックでできていて、分子の性質とは全く関係ありません。これは手に持って目で見えるように大きさを一億倍して単純化したモデルです。本当の分子はこんな格好はしていません。目に見えないものを抽象化する方法として、これが理解しやすいから使っているわけで、化学を学ぶうえではこの抽象化の方法を理解しなければなりません。

井上先生ご自身は、いつ頃からこの分野に興味を持たれたのですか。

高校生の頃から有機化学の教科は好きでした。合成して白い粉が採れたり、黄色い結晶が

採れたりする、実験でしか分からないことも面白かった。一方で、分子の形自体に興味がありました。たまたま僕にはそういう三次元を頭の中で構成する能力があったみたいです。そういうことの想像が上手くいくと化学に役に立つと思います。

　大学院に行ってからも、自分はこの分野が得意かもしれないと思いました。その半面、同じくらい自分には無理なのではないかとも。そういう中で、自分の可能性を試したかったというのが、有機化学の分野に進んだ一番のモチベーションだったと思います。自分がどれだけこの分野に貢献できるかということに興味がありました。研究のテーマはそのつど変わってきましたが、自分の能力を試したいという気持ちは、研究を続けるうえで最大のドライブであり続けてきました。

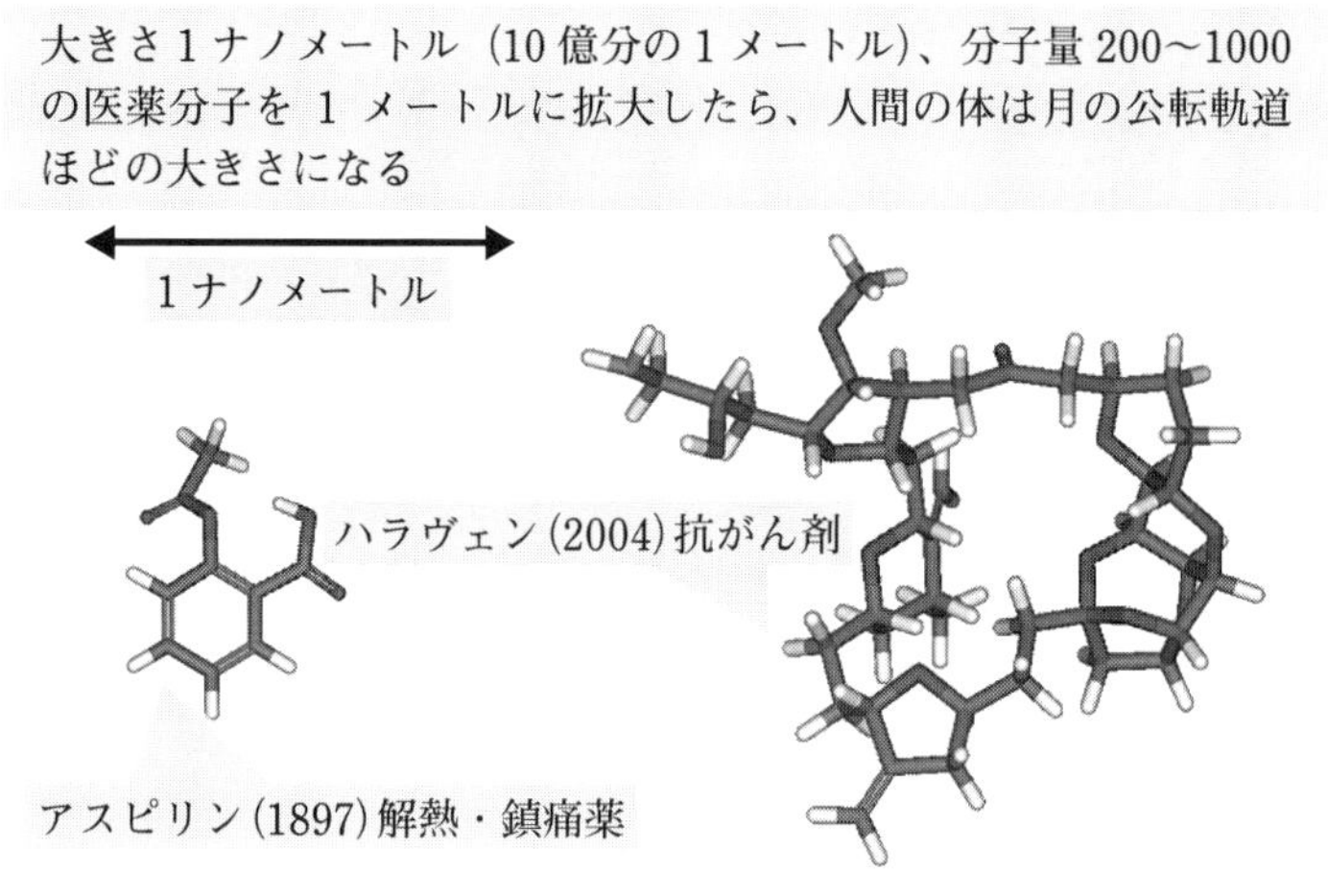
大きさ１ナノメートル（10億分の１メートル）、分子量200〜1000の医薬分子を１メートルに拡大したら、人間の体は月の公転軌道ほどの大きさになる
１ナノメートル
ハラヴェン(2004)抗がん剤
アスピリン(1897)解熱・鎮痛薬

有機化学の世界

学生時代からすると現在はできることが多くなり、フェーズが変わってきました。チームを持っているということも大きいです。自分のアイデアも増えてきて、それらのアイデアを試す環境を作れるようになりました。

研究分野そのものの可能性も広がってきたのではないですか。それまでは閉塞的だった分野が、時代の流れの中で急に目覚めたように変わり始めるということはありますね。

そうですね。ちょうど僕が大学院生だった頃に、天然物から採れたいくつかのものの構造や機能が詳しく分かり始めて、その機能が積極的に利用されるようになりました。たとえば「プログラフ」という臓器移植の拒絶反応をなくすために使われる薬があります。とても有名な薬ですが、この薬はもともと一九八〇年代にさまざまな菌を調べる中で発見されました。その後、機能が分かるようになって、実際に薬として使われるようになりました。そうしたことがきっかけで、有機化学と生物的な知識や経験がくっついて隆盛を迎えるであろうロマンのある時代が九〇年代の初めにありました。大学院生のときに、そういう時代の流れに影響されたことは大きな意味を持っていたと思います。その後も何回か可能性が広がって、カッコイイことができそうな時代の転換はありましたね。

学問的には、有機化学のメカニズムが説明できないと、それを分かったことにはならないですよね。

まずはその大もとの理解が必要です。薬であれば、薬の分子が働くというとき、何に対してなのか、さらにそのときの信号の伝達具合はどうか、これらを捉えないと全体が分かったことにはならないですね。信号の伝達具合の分析がずっと進んで、研究の本質的な成果が出てくるまでになると、生物に近い分野になってくる。

そういうメカニズムが分かるということは、その分かり方にもレイヤーがあります。たとえば、アスピリンの場合、「痛みにはCOX（コックス）というタンパク質が関わっていることが分かった」というのが一つのレ

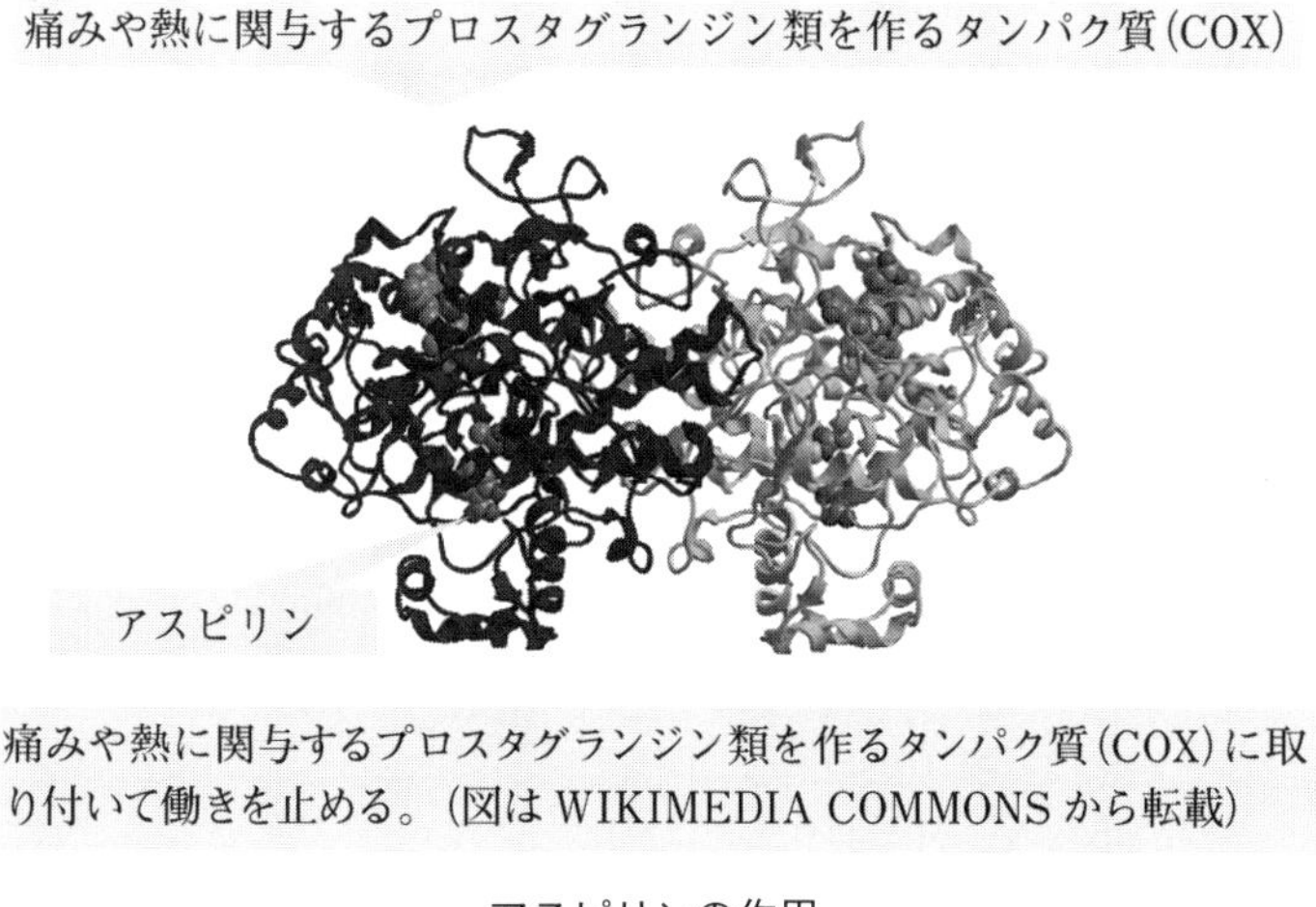

痛みや熱に関与するプロスタグランジン類を作るタンパク質(COX)に取り付いて働きを止める。(図はWIKIMEDIA COMMONSから転載)

アスピリンの作用

イヤーで、「このCOXのタンパク質の構造が分かった」というのもまた一つのレイヤー、さらに「COXが他のものに関わった」というのも一つのレイヤーで、分かり方の中にたくさんのレイヤーがあります。それらをどんどん理解していって、化学の分解能としては、有機分子とタンパク質が構造ベースできちんとくっついている姿が見えて、それが実際に鎮痛に効いているタンパク質であったら、分かったと言えます。

アスピリンの場合は、古くから自然界で採ってきたものに鎮痛という作用があること、つまり鎮痛という現象は分かっていたのですが、ブロックする側のアスピリンの構造が分かるのに時間がかかり、さらに痛みに関わるタンパク質の構造が分かるまでにも時間がかかりました。つまり、これらの形状がビジュアルとして理解されるまでに時間がかかったことになります。

ビジュアル化はやはり大事ですね。実際の形状とは全く同

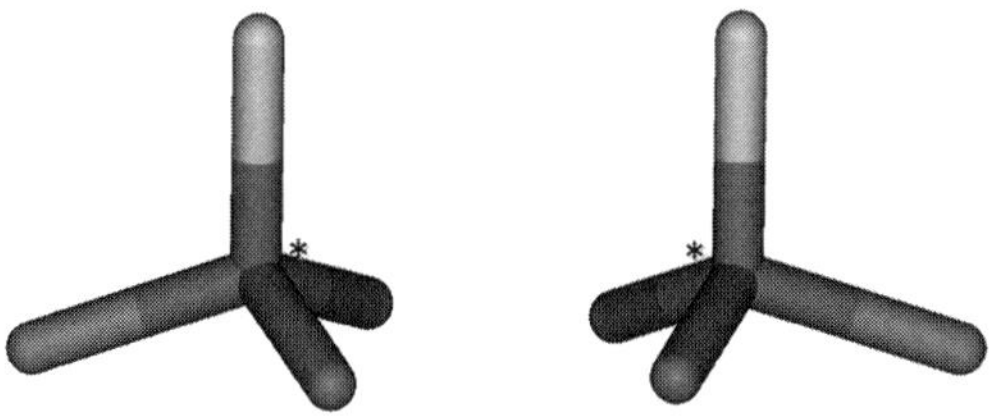

4つの異なる原子または原子団がついた炭素（不斉炭素）

じではなくても、ロジックに沿って抽象的に組み立てた図や模型によって、相手とコミュニケートできるということはありますね。

有機化学の分野での最少のユニットは炭素です。四つの結合ができるので、四面体的なものです。この特別な形が組み合わさって有機化合物全体の形が決定され、薬になるための重要な形になります。ですから抽象的であれ、形を相手と共有できなかったらお互い何をやっているのかも分からない。

僕らの分野は経験則に基づいているので、自分が考えたことだけでは上手くいかない。僕は一割打者と思っている

薬の世界も経験則が先にあって、それを後からサイエンスが証明するという流れでした。しかし、いまは順番が逆転してサイエンスが最初にあって、それをもとに科学的に何かが作られるという状況になっているのでしょうか。

いくつかの問題があります。たとえば何か分子を作り上げることに関しては、かなり経験則が重要となるわけで、僕らはその経験則を作っているサイドにいます。こういう分子の形をしている場合はこういう反応をして、こういう分子の変換はできません、というような経験則を作っているんです。それがより一般性を持つ経験則であってほしいと願いながら実践している。僕らの有機化学では、どちらかといえばデータ集積から経験則を作って、それを理論化するという方向が多い。

ただ、薬に関して言えば、薬をデザインするさいにコンピュータ・シミュレーションで分子の形を予想して、新たなものを作り上げるという方法も採られます。

薬の組み立てには、先ほど頭の中で三次元的に動かすとおっしゃいましたが、それは演繹的ではなく、仮説検証的に行われるものなのですか。

仮説検証的ですね。たとえば、ある分子に何か部分を付けて薬をつくる場合、いろいろなタイプの方法がある。一つ一つの原子を部分としていくのか、あるいは付ける側の部分の形を先に作ってガチャッとはめ込むか、それには自由度があって、どのタイプを選ぶかは研究者によって違うんです。そのプロセスはよく山登りに例えられるのですが、同じ山の頂点まで辿りつくのにも登山口やルートはすごくたくさんあるわけです。その中から、自分の好みや得意不得意で進むルートを決めるんです。薬を作るさいには、最も有効なルートの発見が必要です。

もちろん、有効かどうかというのは後から分かります。僕らがやっている問題設定に関して言うと、山の頂点をまず設定します。そして、その山の頂点までいかに早く、労力をかけずに、コストも少なく登るかという登り方を作っているんです。可能性は無限にありますが、それぞれ優劣があります。ノーベル賞を受賞した根岸カップリング[4]や鈴木カップリング[5]は、山の登り方として一歩の歩幅が非常に大きい方法を作ったことに功績があるのです。

それで、歩幅を稼ぐにしても、どの地点からなのかという見極めが必要になってきます。そういうもの自体からデザインしていく

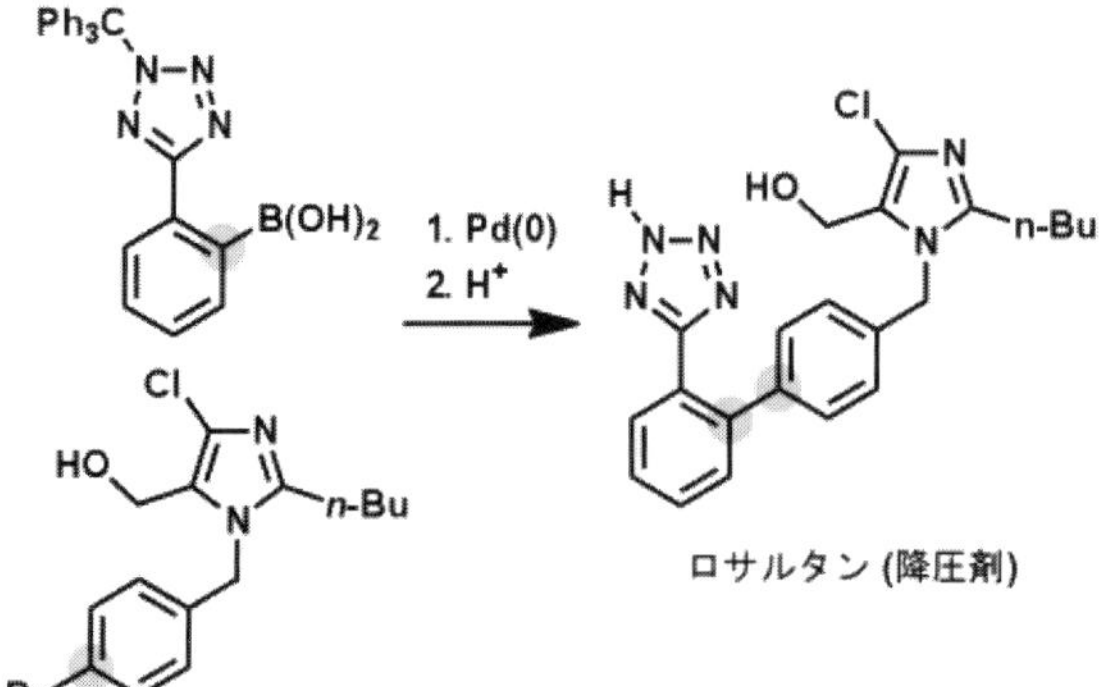

複雑な分子同士の連結（カップリング）が可能

鈴木カップリング

んです。山を登っていくときの、とっかかり自体をデザインしていく。歩幅がどれくらいならリーチできるかといったことを考えながら進めていくという感じです。

デザインという言葉が出てきますが、井上先生のご専門の有機化学の世界では皆さんよく使う言葉なのですか。

デザインというのは、アナリシス（分析）に対して、インテグレーション（統合）の作業です。アナリシスは方法論があるので、かつて私がいた経営コンサルティングでしたら五〇〇くらいの手法を覚えて使えるようになれば、ひと通りの分析ができるようになります。その意味ではアナリシスは誰でもできるのです。しかし、インテグレーションはそうはいきません。バラバラのものの統合は、こうやればできると教えることもできません。つまり、デザインには普通の意味での方法論がないわけです。薬を作ることもデザインの部分が大きいのでしょうか。

先ほども言いましたように、僕らの分野はかなり経験則に基づいているので、自分が考えたことだけでは比較的上手くいかないいんです。僕はだいたい一割打者だと思っています。そ

4　根岸カップリング…パラジウム触媒を用いて、有機亜鉛化合物と有機ハロゲン化合物をクロスカップリングさせる反応。
5　鈴木カップリング…パラジウム触媒により、有機ホウ素化合物と有機ハロゲン化合物をクロスカップリングさせる反応。

ういう中で何をデザインしているかというと、上手くいくであろう全体の戦略をまずデザインしているんです。つまり、一つ一つの計画は大して当たらなくても、こういう枠組みの中で、こういう方向で、この頂点に向かって進むということが決まっていれば、総体として何か新しいことに辿り着くことができるのです。それはデータの採り方であったり、分子の形の作り方だったり、それらをデザインと言っているのだと思います。

デザインの方法論というのは、先ほどの仮説検証の繰り返しであり、だからこそ定型的で再現性の高いものがないわけです。とはいえ、通常、最初の仮説が生き延びるとつまらないデザインになってしまう。そうならないためには、最初の仮説が行き詰まってそれを壊すというプロセスが必要です。そして次の仮説を思いつき、作り替えていくんですが、それはとても精神的にはつらいプロセスで、それを何度も作り替えることができるかはどれだけ精神がタフであるかにかかっている部分がある。デザインの方法論には、そうしたプロセスも含まれると思っているんです。

それはおっしゃる通りだと思います。僕も一割打者ですから、九割は当たらない。でも次を考えるときは、その九割のデータを見て方策を決めます。最初に思いついたものよりも、失敗した後に思いつくもののほうが洗練されていてよいケースが多い。ですから、まずはやり始めてから考えるくらいの態度でやっています。

つまり、九割当たらない情報を得ることが、実はその後の戦略の洗練にはものすごく重要なのです。九割の失敗はどうしても必要であり、自分にとっては九割のほうに必然性がある。これは当たり前の話で、すぐに当たるようなことは誰でもできるわけです。すぐにはできないことに面白いデザインや戦略が潜んでいる。それがオリジナリティにつながっていくのだと思います。それを続けていくと、最初は分からなかったことに、はたと気がつく。そして、そこから新しいことを始めるとデザイン性が出てくるんですね。人によって違う方策を考えるようになりますから、それは個人に任された自由な部分です。それがデザインのプロセスなのだと思います。

そうした仮説検証を繰り返す思考は、どのように訓練するのですか。研究室の人たちへの伝承の仕方とか、何か方法論はあるのでしょうか。

トレーニングとしては、まずはある一定のルールを教えます。後は学生たちも失敗を通して学んでいきます。失敗に関して一緒に考えることで、「あ、こういうふうに考えれば、こういう新しいことにつながるんだ」と学んでいくわけですね。それによって自分の中に、失敗した経験と、失敗から学んで次につながった経験が刻み込まれて、しだいに集積していきます。それが僕たちの分野においては教育プロセスみたいな感じになっています。ちょっと職人っぽいですね。

もちろん、上手くいかなかったときには落ち込みますよ。しかし、僕らの失敗によってビルが倒れるわけではありませんし、自分がこうなってほしいと希望したことがその通りにならなかっただけの話で、しかもそのプロセスは一週間レベルなので、すぐに次に行ける。一〇年かかって九年分の失敗が分かるというならば大変ですが、それこそ一日レベルで「あ、今日は上手くいかなかった」「あ、今日は上手くいった」という感じですから楽しいものです。そのつど、戦略も変えていきますから、ずっと上手くいかないということにはなりません。

発生生物学の浅島誠[6]先生は、アクチビンを見つけるのに一五年かかったと話していました。その前の五〇年間、世界中の研究者が挑戦して上手くいかなかったので、「またそんなことをやるのか」と言われながらも、浅島先生はその五〇年間に積み上げられた論文をすべて読み直し、上手くいかなかったデータを見直したんだそうです。ドイツ留学から帰国して着任した大学からは「お金がない、装置がない、人がいない。あるのは自由だけだよ」と言われたそうで、そういう環境だからこそ失敗してもかまわないと一五年間続けられたんでしょうね。

最終目標の頂点に行くことだけが学ぶプロセスではないというわけですね。頂上に行かなくても、その間に新しい発見のチャンスはたくさんある。僕の場合は、上手くいかなかったデータを論理的に解釈して次の方策をとったら、それが小さな成功につながるというプロセスを経るようにしています。そういう小さな成功が、どんどん大きい方向につながっていくといいのではないかと思います。

間違えたらその合目的性を修正する。自己修正能力があるサイエンスの一番いいところ

上手くいかないということにもいろいろなケースがあると思うのですが、俗にセレンディピティと言われるような「こんなつもりではなかったのに、なぜか偶然こうなってしまった」ということもあるのですか。

6　浅島誠…一九四四年―。東京大学名誉教授。専門は発生生物学。世界で初めて試験管内で未分化細胞から臓器の形成に成功。どの細胞を何の臓器にするかを制御する物質がアクチビン。『東大エグゼクティブ・マネジメント　課題設定の思考力』（東京大学出版会、二〇一二年）を参照。

もちろんあります。一番面白い結果は、そのセレンディピティから出てくることが多いですね。自分が全く考えなかったことが起こって、それが新しい研究テーマにつながる場合はよくあります。

たとえば、海洋生物の海綿からは非常に強い毒性物質が採れるのですが、その毒性物質の中には抗がん剤として使われているものもあります。僕らは海綿から採れた毒でも、特別に長い鏡のような分子を合成しました。これは普通の抗がん剤の千倍くらいの強さを持っています。次にその長い分子がバラバラになった短いものも合成したのですが、バラバラにしても毒性が弱くならないことが分かったのです。これは全く想定していませんでした。

海綿の体内にはさまざまな微生物が棲んでいて、微生物どうしの生き残り競争の中で、他の微生物が増えないように毒を作って身を守るものが現われ、それが海綿にとっても外敵から身を守るのに役立っているんです。毒を作っている微生物にとっては、この毒は敵を撃つためのミサイルのようなものです。通常ミサイルを持っていても、敵の攻撃でバラバラにされてしまえば毒性は失われます。つまり代謝によって毒性はなくなるはずが、この毒に関しては代謝されても毒性を保持して敵をやっつけるわけですから、かなりすごいミサイルなんですね。これが最近分かったことです。

なぜバラバラにしても毒性を持っているかというと、全然違うタイプの活性を何個か持っているらしいんです。分子としての形は螺旋形状なのですが、その螺旋の中に、違うパターンの活性が情報として織り込まれているという感じです。そうやって情報として織り込まれているということが合成によってはじめて分かったわけです。

生物が毒性を持つのは、生き残るために周囲の敵をやっつけるという目的があったり、外敵から食べられてしまわないように身を守るためであったりと、何かしら目的が存在するのでしょうか。何の目的もなく毒性を持つといったことはあるのですか。

目的はあると思います。ただ、その目的には僕らが分かっていないものが多いです。なぜ目的があると考えたほうが合理的かというと、こうした毒性物質を作るためには、生物としてはものすごいエネルギーを必要とします。何の目的もなくただ無駄骨を折ってばかりいる生物が、四〇億年という長い間生き延びているわけがないという考え方からです。そうすると、毒も何かに使われているはずで、それが分かっていないだけです。

木村資生[7]の中立進化説や、今西錦司[8]、ジャレット・ダイヤモンド[9]などが指摘するような

7 木村資生…一九二四―九四年。遺伝学者。中立進化説とは、分子レベルでの遺伝子の変化の多くは自然淘汰に対して有利でも不利でもなく（中立的）、遺伝子の変動による突然変異の遺伝子群が進化をもたらすとする説。

8 今西錦司…一九〇二―九二年。生態学者、文化人類学者。京都大学でニホンザル、チンパンジーなどの研究を進め、日本の霊長類研究の礎を築いた。

「自然界はすべて合目的なわけではない」という考え方も一理あるのではないでしょうか。

サイエンスを始めるには、合目的であるという仮説から入らないと分からないことだらけになってしまいますよね。「これは目的が分からないけど、まあ何かやっているんでしょうね」というところからサイエンスを始めることはできない。合目的的なものから始めて、間違えたらその合目的性を修正するというのが、自己修正能力があるサイエンスの一番いいところではないでしょうか。

たとえば、フグは人間に食べられないようにするために意地悪しようと毒を持っているわけではない。あれはフェロモンとして使っているのではないかという仮説があります。人間が食べれば毒ですが、フグにとってあの毒性物質は他の目的があって体内に持っていると考えられます。

ただ一方で、ではなぜこの芋虫はこの色をしているのか、こんな模様をつけているのかということに関しては必然性はないかもしれません。別にその色や模様でなくてもよく、シマウマだって横縞でもよかったかもしれませんよね。ですから、すべてに目的があるとは思っていません。

自然界や生物の世界にはいろいろなものがあって面白いのですが、その中で人間の合目的

的な視点から徹底的に何かを組み立ててしまおうという思考はないのですか。

たとえば、電子工学の世界ではトランジスタが発明されてマイクロ・コンピュータが開発され、システムLSIになっていく。その先で議論されるのは、人間の脳のシミュレーターであるシリコン・ブレインですね。いまのところ上手くいっていませんが、自然界から見ればそんなものはなくてもいいんですよね。でも、シリコンのナノテクノロジー進化を生物学的進化に置き換えてしまうことに、人間はだんだん適応してきています。

そこまで極端でなくても、人間のある目的のために勝手に作ってしまうという電子工学的な思考は、井上先生の分野にもあるのでしょうか。

薬はまさしくそういう分野ですね。自然界に本当はなかったものを身体の中に入れて、勝手に調整している。完全に人工的な調整方法です。それは自然界由来のものであれ、もともと人間が体内に持っていない物質を飲んでいる点において不自然であることに変わりありません。

そういう人間の行為に対して、自然はしっぺ返しをするかもしれませんね。有機化学の分

9　ジャレット・ダイヤモンド…一九三七年―。アメリカの生理学者、進化生物学者、生物地理学者。著書『銃・病原菌・鉄』でピューリッツァー賞、コスモス国際賞を受賞。これは各国語に翻訳されて、世界的なベストセラーになる。

野では、バイオテクノロジーや遺伝子工学との絡みはどのようになっているのですか。

自然がしっぺ返しをするかどうかは分かりません。実はそういうふうには考えたことがありません。バイオテクノロジーや遺伝子工学との関係ですが、僕から見ると、それらが行っているような「遺伝子導入[10]をして、あるタンパク質の濃度を上げる」というのと、僕らがやっているような「低分子のものを細胞に入れて、あるタンパク質の機能を下げる」というのは、基本的にあまり差がないですね。

結局、システムに対して「ここは赤信号だから止まってくださいね」と言うか、「ここは青信号だから渡ってくださいね」と言うか、そのくらいの違いしかないように思います。どちらにしてもシステムを変革して、もっと車が通りやすいようにする、渋滞が起きないようにするということです。

都市デザインでも同じことが言えるんですね。「ミニプラン・アプローチ」というのがあって、都市全体はもう複雑すぎて設計できないので、変革が必要な部分に対して境界状況は考えずにミニプランを突っ込んでしまう。そうすると、凝似有機体の恒常性やホメオスタシ

10　遺伝子導入…細胞内に特定の遺伝子ＤＮＡを人為的に入れて、新しい遺伝的な特徴を持つ細胞や、その細胞に基づく個体を作製すること。

スというか、広い意味での自己調整能力によってよいものが取り込まれ、その境界状況は全部調整される。自己調整能力を壊さない限りは境界条件を気にせず、ミニプランを突っ込めばいいという考え方なんです。

薬にも自己調整能力を使っているものがあります。イメージが近いのはワクチンでしょうね。ウイルスのかけらみたいなものを自分の体の中に入れて、そのウイルスに対する抗体を増やし、実際にウイルスが入ってきたときには自己調整が済んでいる状態にするわけです。ただ、自己調整能力には限界もあります。やはり難しい病気と難しくない病気はあるんですね。たとえば感染症の場合は、違う生物が体内に入ってくるわけですから区別はしやすい。そのため感染している細胞に効くようにすればいい。しかし、がんの場合、自分の中の細胞ががん化するわけですから、同じ遺伝子を持っていながら増殖が全然違うという状態です。やはり調整しようとすると、がん細胞に効くけれども結局は自分の体にも負担がかかってしまいます。これは自己調整がパーフェクトではないですね。

「毒をもって毒を制す」という言葉もあって、この量では毒だけれども、もっと少量なら毒ではなく逆にプラスに働くといったことがありますね。その閾値は仮説に基づくのでしょうか、それともセレンディピティから出てくるのでしょうか。

おそらく製薬会社の方々がされていることの一つは、その閾値の幅をなるべくたくさん取るようにしていることだと思います。この濃度までは薬として働く、この濃度からは毒になるという、その濃度幅が大きいほど薬として使いやすいですからね。

ただし、体に外から何かを入れることにおいて、あらゆるものは毒ですよね。閾値を越えれば塩も毒です。水だって一〇リットル飲んだらやはり毒です。コーヒーもどんぶり一杯を一気に飲んだら、心臓に相当の負担がかかります。カフェインには致死量がありますから。あらゆるものに対して、適量というものがあるのだと思います。

五個の能力のうちどれかが非常に高くて、どれかがゼロでなければ研究者としてやっていける

これからの研究では、どのような方向を目指そうとしていらっしゃるのですか。

研究としてメインにやっていることは、いままでなかった物質を創出できるようにすると

いうことです。誰も行けなかった頂上を設定して、そこに行けるようになることを目指して研究を行っています。ではどういう頂上を設定するか。それはどんな有機分子でもいいのですが、その中で僕らは、とくに天然から得られた物質の構造と機能をモチーフとした新機能分子の創出というところを目指しています。なぜそのようなことをやっているかというと、天然物は複雑な構造を持っているが、その構造の理由が分かっていない。自然がデザインしている方式が何かあるのですが、その方式が分かっていないんです。なぜ自然界がこういう構造のものを作っているのかという目的は、僕らには少なくとも理解できていない。

その目的を知るためには、その天然物を実際に手にして調べなければなりません。それらを調べることで秘密を明らかにしたい。つまり、自然がデザインしているもののリデザインというのが、僕らが向かいたい方向でもあるのです。

研究を行ううえで、日本人であること、西洋人であることによる違いはありますか。ニュートンは「あなたの職業は何ですか」と聞かれたら「神学者」と答えただろうと言われます。神は全能であり、世の中をパーフェクトに作られたのだから、自然の摂理はきわめて単純明快な数式であるはずだという信念があったんですね。そういうキリスト教的な自然観に対して、たとえば、空海や親鸞のような日本的な自然観は大きく異なります。そうした無意識の文化的なレベルで、彼我の差は研究の方向性に影響するのでしょうか。

それはあると思います。僕の中では、自然界から得られたものを分析するというアプローチは日本人的な部分だろうと思います。実際、その分野は日本人研究者がとても強いところです。ノーベル化学賞を受賞された下村修[11]先生のオワンクラゲの緑色蛍光タンパク質の発見も、もともとはそうした研究からスタートしています。天然の物質や生物から不思議なものを採ってくるというのは日本人が得意とするところです。一方で、あまり日本人的でないかもしれない部分は、先ほどから話題に上がっているように、デザインという言葉を多用するところでしょうか。

たしかに日本では、子どもの頃カエルやイモリに囲まれて育った人が研究者になって、カエルで実験してみようかと考えるのはごく自然なことですが、こうした着想や思考は砂漠の民にはできないですよね。

砂漠の民というとジューイッシュの人（ユダヤ人）たちなどですね。たしかに彼らの中で

11　下村修…一九二八年―。生物学者。「緑色蛍光タンパク質の発見と開発」によって、下村氏を含む三名が二〇〇八年のノーベル化学賞を受賞。下村氏は、オワンクラゲから緑色蛍光タンパク質を単離するとともに、紫外線を当てるとこれが緑色に光ることを発見した。

こういう自然界のものを見つけてくるという人は少ないかもしれません。でも、有機物を合成している人は多いです。彼らは戦略を立てて、デザインをすることが得意なのでしょう。ただ、そういう得手不得手は、その人が育った自然や社会の環境によるものなのか、それは難しいところですね。

僕らの分野はルールがはっきりしているので、比較的教えやすい分野ではあります。それでも想像力は大切で、その部分では個性に任されているんです。一方、生物から何かを採ってくるというのは教えにくい分野と言われます。面白い現象をまず発見してこなければならず、トガリネズミは麻酔物質を持っているなんてことも知らなければならない。そういう感性が求められます。

そうすると研究室は多様な感性の人が集まったほうがよいのか。それよりも感性の鋭い人にデザインの感覚を植え付けていくのがよいのか。

ただ、デザイナーはそう簡単には育たないですよね。私は大学の建築科を出て設計事務所に就職したんですが、そこでボスは「エンジニアは小さな間違いはしないが、大きな間違いをするのだ」と言っていた。つまり、「エンジニアは常に誰かから与えられた境界条件の中で作業をしている」。それに対して、「境界条件を決めるのが建築家なのだ」ということでした。デザイナーが簡単に育たないというのは、この境界条件を決める意思を持たせるのが難

しいからですが、井上先生は意識的に教育されているのですか。

境界条件の作り方は教育できます。その中でどういうことをやるかについては、各人が自分で決める。その決め方はそれぞれ学ぶしかありません。

ただ、どんな分野でもそうですが、必要な能力は一つではないですよね。五個はあるかもしれません。五個の能力のうちどれかが非常に高くて、どれかがゼロでなければ研究者としてやっていけるのではないかと思います。五個というのは適当な数字ですけれども、能力というのは掛け算なので、どれかがゼロだったらだめですね。一方で、自分は何が得意か、どの能力が優れているかは、チームの中である程度分かると思います。

必要な能力もさまざまです。目の付けどころはよくないけれども、人が目を付けたよいところを説明するのはものすごく上手いというタイプもいますね。

そういうことはよくあります。こちらがちょっと言ったことを、より明確な説明で返してくるという人はいますね。研究者にとって説明能力、言語能力は大事です。とくに薬学のように、さまざまな領域の専門知識や経験が必要な分野では、複数の領域のことが理解できる情報処理能力があったほうがよく、どの方面の人とも話せる言語能力も高いほうがよいわけです。

僕が大学で教えていて一番思うことは、情緒的な作文ではなく、ロジカル・ライティングを教育の初期段階からやってほしいということです。中学くらいから教えてほしい。それが僕らに必要な言語能力なんですね。たとえば誰かから質問を受けたときに、自分の頭の中で答を構成して喋るわけですが、その構成するところが訓練されていないために能力がないように見えることがあります。ロジカル・ライティングがしっかりできればもう少しよくなるのではないかと思います。大学四年生か大学院修士あたりで現実にどうしても必要となって、はじめてどうしようとなる。僕にはその能力の方が、英会話よりも大切であるように思えます。

研究のやり方はノウハウの部分がかなりあると思いますが、師匠からの口伝伝承のようなものはあるのですか。

ある程度はあります。ただ、僕自身は大学院時代、博士研究員時代、助手や助教をやっていた時代、それぞれ三人の違う先生についていました。その意味では三人分のやり方が混ざっていると思います。複数の先生と一緒に研究をやった経験は、オリジナリティの醸成という意味ではよかったと思っています。

研究の成果としてどこまでできたら達成感を味わえるのですか。世間で言われているように論文が『ネイチャー』や『サイエンス』に掲載されることなのでしょうか。

『ネイチャー』や『サイエンス』に載ると嬉しいとは思いますが、達成感とは少し違いますね。たしかにポリティカルには、雑誌に載ると次の予算が取りやすいということはあるのでしょう。何といっても僕らは予算に脅えながら暮らしている種族ですからね。そういう意味では、そちらの成果もあったほうがいいなと思います。

ただ、やはり一番喜びが大きいのは、チームメンバーが何か目標を達成したとき、あるいは僕が予想もしていなかったセレンディピシャスな結果を持ってきたときですね。とくに後者は嬉しいです。いままでなかったものが創出されたり、いままでできなかったことが可能になるわけですから、『ネイチャー』や『サイエンス』級の成果かどうかは別にして、それは新しいことではあります。

そういう成果を常に意識しながら、お金の心配もするという点で、「いつも資金繰りに苦労している中小企業の社長より大変なのではないか」と言われることもあります。お金がなくなったから明日から研究はやめます、というわけにはいきませんからね。ある程度の予算を常にキープしていなければならない。文字通り自転車操業です。ただ、お金が簡単にもらえる状態にあるならば、自分の研究もオタク的になっていくのではないかという危惧があります。

予算を獲得するときに、多様な分野の人に自分の研究の価値を伝えるにはどうすればいいのかと考えなければなりません。本当に自分の研究は、こういう立場の人から見てどうなんだろう、こちらのサイエンスから見てどうなんだろう、ということを自分の頭で整理する意味では、むしろよい機会だと思います。これは一つの自己トレーニング方法ですね。

知とデザイン6——創薬と社会システム

井上先生との対談の中で、何度も「デザイン」という表現が登場したが、それはたいへん印象的であった。通常、デザインは「触れて目に見えるもの」、たとえば建築や家具、自動車、家電製品などの分野で使われるのだが、最近では「触れなくて目に見えないもの」、すなわち情報システムやスマホのOSソフトなどにも使われ始めている。創薬は「触れて目に見えるもの」であるにもかかわらず、「見ても分からないもの」という意味が加わることで、また違ったタイプのデザインである。

かなり以前から、「ドラッグ・デザイン」という表現が使われてもおかしくない時代が到来していた。胃炎や胃潰瘍の薬であるH2ブロッカー（商品名：タガメット、ガスター、ザンタック）は従来の胃酸を中和するという対症療法的な薬とは違って、胃酸の出るメカニズムを解明し、それをブロックするようにデザインした薬だということであった。一九七〇年代にイギリスのジェームス・ブラック博士による創薬であり、八五年には日本でも手に入るようになった。すごいことができる時代になったと思った記憶がある。ブラック博士はその功績でノーベル生理学・医学賞を受賞している。

一九四五年に同じくノーベル生理学・医学賞を受賞したアレクサンダー・フレミングはアオカビから偶然ペニシリンを見つけたが、その例のごとく天然の細菌が出す生理活性物質が何に効くかということをいろいろ確かめてみるというのが多くの薬、特に抗生物質を創り出すアプローチであった。H2ブロッカーは、そうではなく、ターゲットを決めてそれに至るメカニズムの仮説を立てながら化学物質をロジカルに組み立てるということが画期的であった。

その後、バイオテクノロジーの時代が来て、八〇年代にインターフェロンががんの特効薬になるのではないかともてはやされたことがあった。しかし、体の中に微量しか存在しないインターフェーロン（さらには血栓溶解剤であるt－PA）の生理活性物質を遺伝子組み換えをした大腸菌などを使って大量に生産するというだけで、それは生産技術でしかなかった。そこには新しく物質をデザインし、創り出すという考えはなかった。

現在のバイオテクノロジーは抗体医薬、ゲノム医療という方向を目指している。個々人の遺伝特性に合わせて、ピンポイントで効果のある治療をするという方向だ。ゲノム解析やモデル・シミュレーションなど情報科学の進歩と結びついた最先端分野である。このような遺伝特性に合った治療を組み立てるということも、広い意味ではデザインと言えるのかもしれない。

井上先生のおっしゃる「デザイン」は、これらの流れとは少し意味合いが違うという感じがした。そして、H2ブロッカーの出現したときにおける素人としての理解がもう少し深まったのではないかと思う。自然界の生理活性物質のメカニズムを分子レベルで解明し、それと同じではない物質を化学合成で作り上げるプロセスをデザインと呼んでいると理解した。

言い換えれば、人体という有機体の持っているオートポイエティック（自己創造的）なシステムに対して、外からアロポイエティック（他者創造的）に関わるという意味でデザインということになるのであろうか。これは私が長年開発している「社会システム・デザイン」というアプローチが「社会」というオートポイエティックなシステムに対して、アロポイエティックに関わろうとしていることと奇妙な類似点を感じたのである。そこには、ダイナミックな要素を持つという特色がある。

当然、社会全体は複雑すぎてデザインできない。そこでミニプラン・アプローチによって、境界条件をあまり考えないまま、まずは社会のサブシステムをデザインし、それを社会全体に組み込んでいくのである。疑似有機体である社会はオートポイエティックなシステムなので、その性質上持っている自己調整能力を発揮し、有益なものは取り込むが、そうでないものは吐き出すため、境界領域のどこかで機能不全を起こす。その場合は、機能不全を改善する次のミニプランを組み込むということを続けるのである。「ホリスティック医学」のような生命全体を捉えた概念がありながら、実際はまだそこにたどり着いているわけではないが、井上先生が考えるような薬は、社会に対するアロポイエティックなミニプランと同じような形で人体に取り込まれていっているのではないだろうか。

人体の場合は、「患者は自ら治し、医者はその手助けをするだけ」というように自然治癒という能力が想定されているが、社会は本当の意味での有機体ではないから、そのような治癒能力は存在しない。社会に対しては、そのことを医薬のように治験で試して確認するわけにもいかないし、患者一人の判断で決めるわけにもいかない。すなわち、民主主義的プロセスを通じて市民のコンセンサスが必要であり、その過程での妥協を通じて効能が失われてしまう可能性もある。これが社会システム・デザインと創薬デザインの大きな違いであって、アナロジー的思考には限界があることを改めて感じた。

編者紹介

東大EMP
（東京大学エグゼクティブ・マネジメント・プログラム）
横山禎徳

The University of Tokyo Executive Management Program

東京大学がこれまで培ってきた最先端かつ多様な知的資産を資源とし，マネジメントの知識や幅広い教養を駆使して人類の蓄積を自在に使いこなす，高い総合能力を備えた人材を育成しようとするプログラム．次世代のリーダーになる可能性のある人材を対象に，東京大学独自の発想に基づいた「唯一無二」のプログラムを組み立て，一層多極化し，複雑化する世界においても通用する課題設定と解決の能力を身につける「場」を提供する．2008 年 10 月に開講以来，大企業だけでなく，中小・ベンチャー企業，そして行政機関，プロフェッショナル・ファーム等から受講生の参加を得る．

Yoshinori Yokoyama

東京大学エグゼクティブ・マネジメント・プログラム（東大 EMP）企画推進責任者，東京大学総長室アドバイザー，県立広島大学経営専門職大学院（HBMS）経営管理研究科研究科長，イグレック SSDI 代表，オリックス顧問，オリックス生命，およびエアウィーヴ社外取締役／1966 年に東京大学工学部建築学科卒，ハーバード大学大学院都市デザイン修士，マサチューセッツ工科大学経営大学院修士（MBA），前川國男建築設計事務所等で設計に従事後，1975 年マッキンゼー・アンド・カンパニー入社．87 年ディレクター，89 年から 94 年まで東京支社長．2002 年退職．その後，東大 EMP 特任教授（2014–17 年），独立行政法人経済産業研究所（上席研究員），産業再生機構（非常勤監査役），三井住友ファイナンシャル・グループ社外取締役，東京電力福島原子力発電所事故調査委員会委員（2012 年）などを歴任．現在はイグレック SSDI 代表として「社会システム・デザイン」という分野の確立，発展に向けて活動している／著書に『企業変身願望』（NTT 出版），『成長創出革命』（ダイヤモンド社），『循環思考』（東洋経済新報社），『アメリカと比べない日本』（ファーストプレス）など他多数．

構成・文――田中順子
写真――ART
アートディレクション――渡邊民人（TYPEFACE）
装丁・本文レイアウト――小林祐司（TYPEFACE）

所属は二〇一四年三月現在のものです。

東大エグゼクティブ・マネジメント
デザインする思考力

2014年3月18日　初　版
2022年12月20日　第4刷

[検印廃止]

編　者　東大《とうだい》EMP・横山禎徳《よこやまよしのり》

発行所　一般財団法人　東京大学出版会
代表者　吉見俊哉
153-0041 東京都目黒区駒場 4-5-29
http://www.utp.or.jp/
電話　03-6407-1069　Fax 03-6407-1991
振替　00160-6-59964

印刷所　株式会社理想社
製本所　牧製本印刷株式会社

ISBN 978-4-13-043052-4　Printed in Japan